観光による地域活性化

—サスティナブルの観点から—

才原清一郎 ［著］

創 成 社

はじめに

　2020年初頭から顕在化した新型コロナウイルス感染症は，瞬く間に全世界へ広がった。その影響で，まず国と国の移動が制限され，次に都道府県を跨ぐ移動の自粛，そしてステイホーム。人や社会の動きは大きく制限されることとなった。その結果，あらゆる業種・業界に影響が及ぶこととなった。危機的状況に陥る業種がある中で，ITを中心に逆に成長した業種も存在する。

　対面であることを前提とし，生活に不可欠とはいえない産業である旅行業，観光業は特に苦しい状況に追い込まれている。その影響を受け，多くの旅行会社が倒産した。また倒産を免れたところでも，大幅な減資や店舗の削減，給与・臨時手当・早期退職などに関する人事施策などを含む，事業の大きな変革がおこなわれている。

　そして，全国各地でおこなわれてきた観光による地域活性化の取り組みも，中断せざるを得ない状況となっているところが多い。地域自らが主体となって地域の魅力を磨き，観光客を呼び込むことで地域を元気にしていこうという地域活性化の取り組みは，実際は容易ではなく，成果が出るまでに年月を要する。それでもようやく手応えを感じ始めた矢先である地域などはさぞかし悔しい想いをしているのではないだろうか。

　しかし，感染が終息し人の流れが戻れば，観光は必ず息を吹き返す。今人々の中に溜まっている「旅行我慢」のエネルギーは，大きなパワーとなって戻ってくることは間違いない。それは日本人だけではない。例えば2020年に実施された海外旅行意向調査では，コロナ終息後に行きたい国について，アジア圏市場で日本が圧倒的首位であり，欧米豪市場においても2位である。旅行業・観光業は短期的にはリスクに非常に弱いものの，長期的にはリスクに強い。危機が去れば今まで以上の需要が戻ってくることは歴史が証明している。今こ

そ，これまでのことを振り返り，未来にむけた準備をしておく時ではないだろうか。

　そして，観光による地域活性化において最大のポイントとなるのが，持続可能な観光という意味を持つサスティナブルツーリズムの実現である。これはブームを追う一過性の観光とは異なり，地域に根差した地道な努力が求められ，すぐに成果を出すことは難しい。また，地域が自らのことだけを考えるのではなく，観光客はもちろん関係する人々や事業者へのメリットを考え，共存していくことが求められる。そのためには，地域の観光事情のみならず，日本全体の観光の状況や旅行業界など，関係する業界について知ること，さらには観光客の行動プロセスなどの理解も必要となる。

　本書では，地域の観光が未来に向けてサスティナブル（持続可能）であることに主眼を置き，その実現に必要となる知見や課題について歴史的背景や経緯，さらに科学的論理的アプローチにより，多面的に解説したものである。本書を通して，観光による地域活性化に携わる方々はもとより，旅行会社の方々やこれから観光を学ぼうという人たちへの一助になれば幸いである。

目　　次

第3章　旅行業から見た日本の観光 ──────── 57

第1章

観光による地域活性化で今知っておくべきこと

---

1 —— コロナによるマーケットの変化をチャンスに変える

　今回のコロナ禍で，観光マーケットやその価値観に大きな変化が生じた。長距離移動，大人数，グループ，対面，賑やか，談笑，飲食・・・，これら「観光」につながる用語は全て「リスク」と認識された。長距離より近場，屋内より屋外アクティビティ，グループより個人や少人数で静かに移動することが推奨された。

　これらは，あくまで感染拡大防止のために始まったものである。遠距離の観光よりも近場の観光の方が，ウィルスを広範囲に拡散させるリスクが防げること，大人数よりも少人数，室内より屋外の感染リスクが小さいことがその理由である。これらの変化は，観光にとって決して有難いものではないが，観光で地域を活性化しようとする地域においては，有利に働く可能性がある。その理由は次のとおりである。

　地域活性化の手段として観光が取り入れられたのは，近年の研究によって，観光には地域へ及ぼす経済効果が想像以上に大きいだけでなく，様々なプラスの効果があることが明らかになってきたことにある。そして，地域活性化の手段として考えられている観光は，地域自らが，地域ならではの魅力ある観光資源を発見し，地域が主体となって発信し，外部から人を呼び込む観光を意図している。扱う観光資源は，必ずしも有名な景勝地や歴史的な建造物，レジャー施設等を指してはおらず，地域のありのままの姿から魅力を見出すことが推奨されている。例えば農村であれば生産物は勿論のこと，四季折々の農家の生活そのものも観光資源として考える。その他，地域の食や工芸品，また地域にま

つわる歴史や民話などあらゆるものが観光資源となる可能性を持つ。これらは一目で感動や驚きを与えられるものというよりは，ゆっくり時間をかけて見て，触れて，体験してその良さを知ってもらうものであることが多い。

　一般的に人は旅先が遠方になると，かかる費用や時間，また2度と来られない可能性などを考え，メジャーな観光スポットを網羅的に駆け足で巡る傾向がある。そのため，遠方になればなるほど「ゆっくりと時間をかけて見て，触れて，体験してその良さを知る」という旅にはなりにくい。旅行会社が企画・催行する周遊型のパッケージツアーは，まさにそのニーズに応えた典型であり，地域活性化で考える観光とは異なる。

　今回のコロナ禍での観光マーケットのニーズの変化は，旅行会社の多くのツアーにとっては強い逆風となるが，観光で地域活性化に取り組む地域にとっては追い風となる可能性は高い。遠方からの観光客でなく，ゆっくり時間をかけられる近場からの観光客にターゲットを絞ることが有効となる。まずは，マーケットの変化に対応し，ニーズを取り込むこと。そして，これらの動きをコロナ禍における一時のトレンドで終わらせることなく持続させていくことが肝要である。

2 ─── 社会的責任となった SDGs

　SDGs は「Sustainable Development Goals（持続可能な開発目標）」の略称であり，持続可能でより良い世界を目指すための国際社会共通の目標として示されたものである。

　2015年9月の国連サミットで採択され，2020年以降，日本でも官民が一体となり，取り組みを本格化させてきた。そして，SDGs の取り組みの必要性は，社会的責任と捉えられている。

　17のゴールと168の目標から構成され，地球上の「誰一人取り残さない」をスローガンとしている。17のゴールは次のとおりである。

SDGs17のゴール	
ゴール1	貧困をなくそう
ゴール2	飢餓をゼロに
ゴール3	すべての人に健康と福祉を
ゴール4	質の高い教育をみんなに
ゴール5	ジェンダー平等を実現しよう
ゴール6	安全な水とトイレを世界中に
ゴール7	エネルギーをみんなにそしてクリーンに
ゴール8	働きがいも経済成長も
ゴール9	産業と技術革新の基礎を作ろう
ゴール10	人や国の不平等をなくそう
ゴール11	住み続けられるまちづくりを
ゴール12	つくる責任つかう責任
ゴール13	気候変動に具体的な対策を
ゴール14	海の豊かさを守ろう
ゴール15	陸の豊かさを守ろう
ゴール16	平和と公正さをすべての人に
ゴール17	パートナーシップで目標を達成しよう

　この中には，観光として役割を果たすべきことが数多く存在している。「ゴール10. 人や国の不平等をなくそう」「ゴール16. 平和と公正さをすべての人に」「ゴール17. パートナーシップで目標を達成しよう」は世の中全てに共通する考え方であるし，間接的に考えれば，ほぼ全ての項目に関わりがある。

　観光が率先して取り組むべきものは何か。「ゴール8. 働きがいも経済成長も」については，観光による地域活性化の目標そのものである。地域が主体的に観光に取り組むことで，地域に働きがいのある雇用が生まれる。そして魅力的なまちづくりへと発展し，定住へつながることへの期待がある。これが「ゴール11. 住み続けられるまちづくりを」となる。「ゴール12. つくる責任つかう責任」については，観光客も，観光を受け入れる側も，地域に負担をかけない努力が必要であるし，そのためのしくみづくりにも取り組まなければな

らない。

　「ゴール 14. 海の豊かさを守ろう」「ゴール 15. 陸の豊かさを守ろう」については，既に実施されているレジ袋有料化に代表されるプラスチックごみによる海洋汚染の防止に向け，観光地で使用・廃棄される使い捨てプラスチックの削減などが思い浮かぶ。

　国連世界観光機関（UNWTO）は，SDGs の 17 の開発目標のうち，観光分野が貢献する 3 つの重点目標「ゴール 8. 働きがいも経済成長も」「ゴール 12. つくる責任つかう責任」「ゴール 14. 海の豊かさを守ろう」を定めた。具体的指標として，ゴール 8 では地域社会や経済を支える持続可能な観光を推進すること，ゴール 12 では持続可能な観光を計測する手法を開発すること，ゴール 14 は，海面上昇の危機に瀕する島嶼国の海洋観光資源の活用のあり方を考えることを掲げている。

3 ──── SDGs とサスティナブルツーリズム

　ようやく日本でも本格的に取り組まれるようになった SDGs であるが，観光分野では古くから Sustainable（サスティナブル）の重要性に気づき，1990 年頃から英国を中心に「サスティナブルツーリズム」という名称で研究が進められてきた。

　そして，サスティナブルツーリズムは，現在日本で取り組まれている「地域活性化のための観光」のベースとなっている。ここでは，観光に持続可能（サスティナブル）という概念が取り入れられた経緯や，日本の地域活性化との関連性などについてみていきたい。

（1）マスツーリズムの弊害

　1980 年頃，ヨーロッパではマスツーリズムが広がるにつれ，その弊害がクローズアップされてきた。

　マスツーリズムとは，第 2 次世界大戦後の経済発展を背景に，それまで富裕

層に限られていた観光旅行が，幅広く大衆にまで拡大した現象を指す。1950
年代に米国で現れ，その後，欧州に広まっていった。

　特に弊害が指摘されたのは国家間を跨いで進められたマスツーリズムである。マスツーリズムでは大量の観光客を扱うため，彼らを受け入れるための大きな器が必要になる。そのため積極的な観光地開発がおこなわれた。

　優れた景勝地などを持つ開発途上国に先進国が資本投下し，観光施設や宿泊施設，観光アクティビティの建設など大規模なリゾート開発を実施する。その後，先進国の主に都市部の人達が，開発途上国に開発された大規模リゾート地へ観光客として押しかけていくということになったのである。

　一見，開発途上国に発展と富をもたらすかにみえた，この国家間を跨いで展開されたマスツーリズムへの批判は，主に次の3つであった。

　1つ目は，観光開発がもたらす環境破壊である。自然環境の破壊により単に景観を損ねるという問題にとどまらず，地域住民の生活基盤を奪うことになった。これらは後に深刻な社会問題に発展した例もあり，社会正義の観点からも批判が高まった。

　2つ目は，開発側の先進国およびゲスト（先進国からの観光客）と，開発地の開発途上国およびホスト（地元住民）との不平等な関係である。開発から開業後の運営におけるマネジメント業務は先進国側で行うが，その他の業務は開発途上国の労働者が担う。しかしこれは，「雇用の創出」といえる様なものではなく，単なる低賃金の労働力としての扱いに過ぎなかった。また，利益が現地の開発途上国に還元されることは限定的であり，利益の大半は出資者である開発側の先進国や，その事業者に着実に還元されていった。

　3つ目は，ホスト国側の文化や伝統の変容である。例えば伝統舞踊のエンタテインメント化などが挙げられる。観光客の嗜好に合わせ，舞踊の内容をより刺激的なものに変化させたり，ツアーの時間に合わせて演じる時間を短縮したりすることで，本来の伝統芸能とは全く異なるものになってしまうようなケースも生じた。また，ほぼ同時期に，日本人客によるアジアの開発途上国への売春ツアーが国際問題化した。これも，上記の国家を跨いだ「不平等な関係」や

「文化の変容」というマスツーリズムの弊害といえるものであった。

　これらの批判を受け，マスツーリズムに代わる新しい観光の在り方が必要であるという認識が広がっていく。マスツーリズムの対抗概念として，「とって代わる」という意味を持つ「オルタナティブツーリズム」という言葉も生まれた。そして，マスツーリズムにとって代わる観光とは，具体的にどのような観光であるべきかという研究や議論が続けられた。

（2）サスティナブル・デベロプメント

　当時，地域開発は，経済成長・発展か環境保護かの二元論で議論されていた。つまり経済成長・発展を選択すれば，環境保護を断念しなければならず，環境保護を選択すれば経済成長・発展を断念しなければならず，どちらを選択するかを選ばなければならないということである。

　しかし1987年，当時ノルウェーの首相であり環境問題に熱心であったブルントラント女史が，「経済成長と環境保護を同時に達成することが可能であり，科学と政治が協調しあって持続的な発展にむけて早急にアイデアを出し合わなければならない」という考えを，「ブルントラントレポート」として発表した。これが世の中に衝撃を与え，この考え方に基づき世の中は大きく舵を切ることとなった。この考え方を「サスティナブル・デベロプメント」と呼んだ。

　この考えは，1992年の地球サミット，2002年に開かれた地球環境問題に関する国際会議等での理念として引き継がれていった。

　また，2005年から2015年までの約10年間，現在のSDGsの前身にあたるMDGs（Millennium Development Goals）が推進されていた。MDGsでは，平和・安全，軍縮，貧困撲滅，環境の保護，人権，弱者の保護などをテーマに8つの目標が設定されたが，基本的には開発途上国の問題が対象とされており，先進国はそれを援助するというものであった。このMDGsにブルントラントレポートの「持続可能な開発」という考え方が統合され，全世界共通の目標として設定されたものがSDGsである。

（3）サスティナブルツーリズム

　1990年代，欧米での観光学では「サスティナブル・デベロプメント」の考え方を観光に適用した「サスティナブルツーリズム」という概念が広がっていった。そして，サスティナブルツーリズムは，マスツーリズムにとって代わる新しい観光として受け入れられていったのである。

　当初，サスティナブルツーリズムは，観光資源の持続的保全（生態学的・環境的サスティナビリティ）に着目したものとして取り上げられた。つまり観光開発と観光資源の保持は両立できるということである。その後，研究が進むにつれ，観光資源の保持だけではなく，政治的，社会的・文化的，経済的サスティナビリティを含めた多面的な持続性が追求されるようになった。

　政治的サスティナビリティとは，マーケットからの要求によって観光地側が主権を失うことなく，観光地自らの判断で観光開発をおこなえる状況を維持していくということである。

　社会的・文化的サスティナビリティとは，観光地に根付く文化や伝統，歴史や風習を消失させたり変容させたりすることなく持続していくことを指す。

　そして，安定した収益を確保しつづけることで，観光資源の保全や，伝統文化や芸術を守る技術，後継者の育成など，地域の観光を維持するためのコストを賄っていくことができる。これが経済的サスティナビリティである。

　バトラー（1999）は，サスティナブルツーリズムを，「ある特定の地域において長期にわたって成長することができ，かつ質が下がったり，環境を改変したりすることなく開発された観光形態」と定義した。

　つまり，欧米研究によれば，マスツーリズムはマーケットの要求と観光地の犠牲の上に成り立っており，時間と共に観光地は消耗していく。繁栄しているように見えても，一過性のものであり，観光地にとって極めてリスクの大きい観光形態である。

　一方で，地域自らがイニシアチブを持ち（政治的サスティナビリティ），その地域の自然や環境を守り（生態学的，環境的サスティナビリティ），文化・伝統・歴史的価値を棄損することなく継続させ（社会的・文化的サスティナビリティ），か

図表1－1　サスティナブルツーリズム実現のための三方一両得モデル

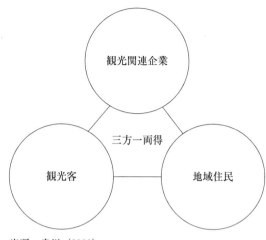

出所：島川（2002）

つ商業的にも成り立たせていく（経済的サスティナビリティ），そのような観光が
サスティナブルツーリズムなのである。そのため，サスティナブルツーリズム
の実施が，地域活性化につながる。

　日本では島川（2002）が，サスティナブルツーリズムを観光客・観光関連産
業・地域住民の三方一両得（図表1－1）を図りながら，観光地の環境を破壊す
ることなく，長期的な展望をもって，観光地の経済活動を持続させていくこと
ができる観光形態と定義している。

　さらに島川（2002）は，サスティナブルツーリズムを推進するための条件と
して，観光地とマーケットの対等な関係，観光地におけるホスピタリティ溢れ
る対応，観光客における「来たときよりも美しく」という意識の醸成，地元の
人が誇りに思い，地元の人から愛される観光地であること，目に見えるモノに，
目に見えない文化の息吹を吹き込むこと，そして商業的に成り立つこと，を挙
げている。

4—— 観光立国推進基本法と日本のサスティナブル
　　　　ツーリズム

　欧米でマスツーリズムの弊害が指摘され，サスティナブルツーリズムの推進が提唱され始めた1990年代前半，日本では，1990年のバブル崩壊にはじまる経済の停滞，さらに，首都圏や都市部への人口集中が進んだことで，地域経済が疲弊し，地域の活性化が喫緊の課題となってきた。

　これらの課題への解決策の1つとして，2003年に観光立国宣言がなされ，観光を国の経済発展における重要な成長分野と位置付けることが表明された。観光立国宣言から3年後の2006年には，「観光立国推進基本法」が成立する。この法律の大きな方針は，訪日観光の振興と国内旅行振興の2つである。

　そして国内旅行振興については，「地域が一丸となって個性あふれる観光地域を作り上げ，その魅力を自ら積極的に発信していくことで，広く観光客を呼び込み，地域の経済を潤し，ひいては住民にとって誇りと愛着の持てる，活気にあふれた地域社会を築いていくことが不可欠である」との考えが示された。

　この文章に示された内容は，前項で述べたサスティナブルツーリズムの考え方と基本的に一致している。サスティナブルという言葉こそ使っていないものの，「サスティナブルツーリズムで地域を活性化しよう」と言っていることに他ならない。

　SDGsにおける「ゴール8. 働きがいも経済成長も」「ゴール9. 産業と技術革新の基礎を作ろう」「ゴール11. 住み続けられるまちづくりを」「ゴール17. パートナーシップで目標を達成しよう」の意味するものも観光立国推進基本法には含まれている。サスティナブルツーリズムがSDGsの達成につながるのである。

　これをうけ，地域では観光を活用した地域活性化の取り組みが一斉に始まった。

——— 第2章 ———
観光による地域活性化の現状と課題

1 ——— ニューツーリズム

(1) ニューツーリズムとは

　日本での観光による地域活性化において，まず取り上げられたのは「ニューツーリズム」である。

　ニューツーリズムは観光学者であるオリアナ・プーンによる用語といわれている。プーンは，「マーケットは団体から個人へ変化していき，そのなかでテーマ性があり知的好奇心を満たすような体験や交流が求められる。それらを提供していくことが持続可能な観光につながる」と主張した。

　日本で「ニューツーリズム」という用語が一般に普及しはじめたのは 2004年，日本商工会議所が「地域におけるニューツーリズム展開に関する提言」の中で，観光まちづくりのキーワードとして使い始めた頃からであると考えられている。

　また 2007 年には，観光庁による国内旅行需要の拡大策として実施された「ニューツーリズム創出・流通促進事業」（図表2-1）において，旅行ニーズの変化，とりわけ「体験型」「交流型」旅行のニーズの高まりと，地域資源を活用した創出・流通促進の必要性が謳われた。

　当時の観光庁のサイトでは，ニューツーリズムの概念を次のように説明している。「従来の物見遊山的な観光旅行に対して，テーマ性が強く，体験型・交流型の要素を取り入れた新しいタイプの旅行を指す。テーマとしては『産業観光』『エコツーリズム』『グリーンツーリズム』『ヘルスツーリズム』『ロングステイ』などが挙げられる。旅行商品化の際に地域の特性を活かしやすいことか

図表２-１　ニューツーリズム創出・流通促進事業の概要

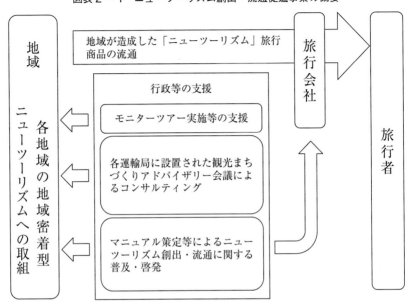

ら，地域活性化につながるものと期待されている。そして，地域の立場から特性を活かすことが必要である。その意味でニューツーリズムは地域活性化につながる新しい旅行の仕組み全体を指すものであるといえる。」

　地域活性化という目的を達成する手段の１つとして，テーマ性が強く，体験型・交流型の要素を取り入れたニューツーリズムが推奨されたのである。

（２）　なぜニューツーリズムがサスティナブルなのか

　ニューツーリズムの特徴である，テーマ性があり知的好奇心を満たすような体験や交流が，何故サスティナブルといえるのか説明しておこう。

　例えば，農業体験の場合，気候や風土の違いによって，収穫物の種類や育成方法・収穫方法が異なる。生産者のポリシーによって，体験方法や，体験者へ伝えたいことが違ってくる。極端な言い方をすれば生産者の数だけバリエーションがある。観光客は様々なバリエーションを楽しむことができ，各生産者は

無駄な競合に巻き込まれず，持続的に共存していくことができる。

　また，景勝地を巡る旅に出かけた場合，旅の目的はもちろん「景勝地の見物」である。しかしそれは表面的な目的であり，真の目的は「同行者との絆を深めること」や「自分や自分の将来と向き合うこと」など何か別のことであることが多い。その場合，単に駆け足で景勝地を巡るだけの旅よりも，現地で体験や交流の時間を持ち，ゆっくり味わう旅の方が真の目的の達成につながりやすい。真の目的を達成できた観光客は地域のファンとなり，地域へ直接的・間接的に利益をもたらす。それが持続可能（サスティナブル）な観光を実現させていくのである。

（3）ニューツーリズムの種類とねらい

　具体的に，ニューツーリズムはどのようなものなのだろうか。観光立国推進基本計画の中で取り上げられている例を中心に見ていくこととする。

① 産業観光

　産業観光は，観光立国推進基本計画において「歴史的・文化的価値のある工場等やその遺構，機械器具，最先端の技術を備えた工場等を対象とした観光で，学びや体験を伴うものである。産業や技術の歴史を伝承すること，現場の技術に触れることは当該産業等を生んだ文化を学ぶことであり，将来的な産業発展のためにも重要な要素である」と説明されている。

　歴史的・文化的価値のある工場等やその遺構の例として，2015年に「明治日本の産業革命遺産　製鉄・製鋼，造船，石炭産業」として世界遺産に登録された遺跡群が挙げられる。これらは九州5県（福岡，佐賀，長崎，熊本，鹿児島）と山口，岩手，静岡の全国8県11市に点在している。主なものに，幕末に海防のため大砲を鋳造する目的で作られた静岡県の「韮山反射炉」，日本初の一貫生産製鉄所である福岡県の「官営八幡製鉄所」，日本ではじめて蒸気機関を導入した長崎県の「高島炭鉱」，軍艦島で知られる「端島炭鉱」などがある。

　また，17世紀初頭には世界の銀の3分の1を生産したといわれる島根県の

図表2−2　世界遺産になった韮山反射炉

出所：著者撮影

「石見銀山」や明治期の製糸の技術革新の証である群馬県の「富岡製糸工場」
も世界遺産として登録されている。

　伝統産業を対象としたものには，陶芸や，和紙づくり，ガラス工房，酒蔵や
醤油醸造所などを観光資源としたものがある。これらは製造工程を見学するだ
けではなく，伝統的な工房や蔵などの雰囲気を楽しみつつ体験することと組み
合わされる。例えば，陶芸では実際にロクロを回して器を作る，和紙づくりで
は，紙を漉いて絵付けをする，ガラス工房では熱く溶けたガラスを吹いてグラ
スを作る等の体験を伴うことが多い。

　また，最先端の技術を備えた工場を視察・見学する例として，トヨタ自動車
工場や新幹線製造工場がある。ビールやウイスキー・日本酒の工場見学の人気
も根強い。

②　エコツーリズム
　エコツーリズム（ecotourism）とは，エコ（ecology）とツーリズム（tourism）

を組み合わせた造語である。Ecology（エコロジー）の意味は，生態学・環境であり，つまり環境にやさしい旅行・観光のことを表現した言葉となっている。

　また，日本エコツーリズム協会は，エコツーリズムの定義として次の3点を定めている。①自然・歴史・文化など地域固有の資源を生かした観光を成立させること。②観光によってそれらの資源が損なわれることがないよう，適切な管理に基づく保護・保全をはかること。③地域資源の健全な存続による地域経済への波及効果が実現することをねらいとする，資源の保護＋観光業の成立＋地域振興の融合をめざす観光の考え方である。それにより，旅行者に魅力的な地域資源とのふれあいの機会が永続的に提供され，地域の暮らしが安定し，資源が守られていくことを目的とする。

　ここでは，日本最初のエコツーリズムといわれる小笠原の例を紹介する。ポイントは，環境保全と観光を両立させるためのルールを定めたことである。

　小笠原エコツーリズム協議会は，小笠原を訪れるすべての人に対し，「自然と共生するための10ヵ条」として次のことを定めた。

① 貴重な小笠原を後世に引き継ぐ

② ゴミは絶対に捨てずに，すべて持ち帰る

③ 歩道をはずれて歩かない

④ 動植物は採らない，持ち込まない，持ち帰らない

⑤ 動植物に気配りしながらウォッチングを楽しむ

⑥ サンゴ礁等の特殊地形を壊さない

⑦ 来島記念などの落書きをしない

⑧ 全島キャンプ禁止となっているので，キャンプしない

⑨ 移動は，できるだけ自分のエネルギーを使う

⑩ 水は大切にし，トイレなど公共施設はきれいに使う

　その他にも，小笠原の南島上陸のルールとしては，東京都自然ガイドの同行が必須であり，ガイド1人が担当できる観光客の上限は15人，1日最大利用者数は100人，ガイドの最大同行時間は2時間に加え，年間3カ月の入島禁止期間が定められている。

図表2－3　小笠原　自然と共生するための10か条

出所：環境省HP「アクティブ・レンジャー日記［関東地区］」

　また，ホエールウォッチングの場合は，クジラから300m以内に近づくと，船は減速しなければならず，100m以内は進入禁止である。ドルフィンウォッチング・スイムの場合でも，1日にアプローチできる船の数や，観光客の水中へのエントリー回数が細かく定められている。

　エコツーリズムは，小笠原のように深い自然のある所だけで実施されるものではない。多くの来訪者が訪れる大型観光地でも環境配慮型観光へのシフトを目指してエコツーリズムが実施されている。例えば，裏磐梯，富士山，軽井沢，六甲山等では，そのエリアにある，湿原巡り，野生動物の観察，星空観賞などのプログラムが作られている。

　さらに，これまで観光客受入経験がないところであっても，里山の身近な自然等を活用したエコツーリズムに取り組むケースも増加してきている。

③　グリーンツーリズム

　グリーンツーリズムについて，農林水産省は，「農山漁村地域において自然，文化，人々との交流を楽しむ滞在型の余暇活動。農林漁業体験やその地域の自然や文化に触れ，地元の人々との交流を楽しむ旅。」と説明している。滞在は農家民泊，漁師民泊，牧場等，体験行為としては農業体験，漁業体験，酪農体験，そば打ち，味覚狩りなどが考えられる。

　これは，従来観光地でなかったほとんどの農山漁村地域において実現可能な観光コンテンツである。来訪者にとっても非日常の体験ができ，高齢化や人手不足に悩む事業者にとっては，助けの1つにもなり得る。また1次産業の魅力を伝えていく良い機会にもなる。

　各地の野菜や果物・お茶などの農園で「一坪農園」のオーナー制度も広がっている。農園の1区画や果樹1本などの単位で農園とオーナー契約を結び，日々の管理は農園がおこない，植え付けや収穫の時期には体験ができる。収穫後には，オーナーは産物や加工品などを受け取ることができる。オーナー側は家族で農業体験ができ，農地側は農地の継続や収入の確保，さらに地域のファンづくりもできる，持続可能なプランである。

図表2-4　田植え体験の様子

出所：農林水産省HP

④　ヘルスツーリズム

　ヘルスツーリズムは，観光立国推進基本計画において「自然豊かな地域を訪れ，そこにある自然，温泉や身体に優しい料理を味わい，心身ともに癒され，健康を回復・増進・保持する新しい観光形態であり，医療に近いものからレジャーに近いものまで様々なものが含まれる。」と説明されている。具体的には，温泉療法・森林療法・海岸療法（タラソテラピー）などがあり，様々な目的やテーマを持って実施されることとなる。その目的やテーマには，生活習慣病予防，癒しや疲労回復，ダイエット，アンチエイジング，ストレス解消，自然との触れ合い等，様々な切り口がある。

　古来より日本には，治療・健康増進と娯楽を兼ね備えた湯治という習慣があったため，日本人には受け入れられやすいテーマであろう。

　なお，ヘルスツーリズムには認証制度が存在する。これは，ヘルスツーリズム認証委員会が，プログラム内容および提供する事業者の取組体制において，「安心・安全への配慮」「楽しみ・喜びといった情緒的価値の提供」「健康への気づきの促進」という３つの柱からヘルスケアサービスを評価・認証し，利用者がその品質を一目で分かるよう「見える化」したものである。消費者にとっては，安心してプログラムに参加できるメリットがあり，プログラムを提供する側にとっては，サービスの品質保証となる。さらに国内外の健康志向の高い

図表２－５　「ヘルスツーリズムプログラム」認証マーク

旅行者にも有効な PR となるだけでなく，事業者や地域におけるブランド価値の創造，スタッフのモチベーションのアップやサービスのさらなる向上などが期待されている。

⑤　ロングステイ

ロングステイは長期滞在型の観光のことである。これがなぜニューツーリズムなのかと思われた人もいるのではないだろうか。

例えば，欧米では長期バカンスが一般的であり，バカンス中は居住地を離れ長期滞在型の観光を楽しむことが多い。長期間滞在することで，地域内での体験や住民との自然な交流がおこなわれる。それが滞在場所への愛着となり，リピーター化する。これは観光客にとっても，地域にとってもメリットのある，サスティナブルな形であることから，ニューツーリズムといえるのである。

日本には長期バカンスの習慣はなく，国内旅行では長くても 1 週間，それもほとんどは周遊型であり，滞在型の旅行は浸透していない。そこで期待されているのはアクティブシニア向けの二地域居住である。

観光立国推進基本計画では，「長期滞在型観光は，団塊世代の大量退職時代を迎え国内旅行需要拡大や地域の活性化の起爆剤として期待されるものであるとともに，旅行者にとっては地域とのより深い交流により豊かな生活を実現するものである。」と説明されている。主な対象地域としては，北海道・沖縄・九州・信州。目的は，のんびりとした暮らし，避暑・避寒，湯治，花粉症からの逃避，梅雨からの逃避，農業体験，リゾート地での仕事。滞在場所についても，長期滞在用ホテル・コンドミニアム・リゾートマンション，湯治場・リゾートオフィス・別荘等，幅広い選択肢が考えられる。

⑥　コンテンツツーリズム

近年，ニューツーリズムの中で注目されているものに，コンテンツツーリズムがある。「聖地巡礼」と言い換えるとわかりやすいだろう。今まで，目立った観光資源の無かった場所や地域などが，1 つのドラマやアニメの舞台として

取り上げられることによって，ある日突然に聖地となり多くの観光客が訪れるのである。

　近年はアニメもその描写が非常に美しくリアルである。そのため，アニメで描かれる場所と実際の景色が寸分変わらないことも多く，場所を特定しやすい。またSNSなどで拡散された情報は，瞬く間に共有されることになる。それらも人気を後押しする原因となっている。

　例えば熊本県人吉市と球磨郡は，アニメ「夏目友人帳」の舞台となっており，球磨川の西瀬橋や田町菅原天満宮など，実在するのどかで美しい景色が随所に描かれている。そのためファンからは聖地とされ，多くの人が訪れている。2020年，熊本を襲った記録的豪雨で人吉市と球磨郡は大きな被害を受けた。その復興に向けた取り組みとして，同アニメと熊本県がコラボした動画「夏目友人帳〜人吉・球磨での優しい時間」が制作され，熊本県の公式観光サイトで公開されている。コンテンツツーリズムが，単なる聖地巡礼の観光だけでなく，アニメを介して地域と人をつなぐことに一役買った例である。

　妖怪「ゲゲゲの鬼太郎」で知られる漫画家水木しげるの出身地，鳥取県境港市にある「水木しげるロード」，秋本治氏の国民的人気マンガ「亀有公園前派出所」の舞台である東京都葛飾区の亀有等も有名な聖地といえるだろう。

　アニメの中では具体的な場所が特定できないケースでも，その場所を連想させるという理由で聖地化するケースもある。例えば，2020年に大ブームを巻き起こした「鬼滅の刃」は，空想上の舞台で物語が展開されるため，現実の場所は存在しない。しかし，アニメの主人公が修行により大岩を刀で切ることができたというシーンを想像させるという理由で，奈良市柳生町にある巨石「一刀石」に多くのファンが集まっている。

　これらのケースは，自らの地域を舞台としたドラマやアニメが作られ，さらにそれがヒットするという幸運に恵まれなければならないことが前提となる。そこで地域が主体的にアニメ制作から仕掛けるケースも出てきた。富山県南砺市の実際の景観や建物をモデルとした美しい町で繰り広げられる青春恋愛物語「true tears」は，南砺市と地元の制作会社が協力し，地域活性化を目的として

図表2－6　奈良市柳生町「一刀石」

出所：奈良市ホームページ

一から制作したものである。既に派生シリーズも出ており，地域を挙げて継続的にプロモーションをおこなっている。

⑦　フードツーリズム

　フードツーリズムとは，地域の食を観光資源として活用するものである。ここでいう「食」は，単なる生産物に限らず，加工したもの，調理したもの（料理），それらを使ったイベントやフェスティバルなど，幅広い食を対象としている。尾家（2017）は，フードツーリズムを食の供給シーンから分類し，その展開には様々な可能性があることを示した。（図表2‐7）。

　生産物は，その土地の気候や地理，土壌などの特性に大きく影響される。その加工品や料理には，その土地の文化や風習，生活様式が色濃く反映されていることが多い。

　同じ種類の農産物でも大きさや形・食感など特性が異なることがあるため，それらの加工品や料理方法もその風土が生かされたものになる。さらに，料理にはその土地の生活様式や文化・風習なども色濃く反映されることが多いことから，これらの違いを発見し，レストランやイベント等を活用し，丁寧に発信

図表2－7　フードツーリズムの分類と想定される展開

フードツーリズム	生産・加工系	体験型	観光農園，農業体験，漁業体験，食品工場見学，手作り体験
		購買型	市場見学，直売所と道の駅
		総合体験型	ワインツーリズム，アグリツーリズム
	レストラン系	ローカルフード型	郷土料理店，農家レストラン，漁港，専門店，ご当地グルメ
		高級料理型	料亭，割烹，料理旅館，ミシュラン級，オーベルジュ，ジビエ，精進料理
		テーマ型	温泉旅館，展望，シアター，フードテーマパーク，古民家，ファン，グルメ列車，クルーズ
		集積型	横丁，路地，屋台村
		ドリンク型	カフェ，居酒屋，立ち飲み，パブ
		ケータリング型	弁当，フードトラック
	フードフェスティバル系	フードイベント型	フードイベント，ドリンクイベント，料理教室，料理コンテスト
		フードフェスティバル型	フードフェスティバル
		フードツアー型	フードトレイル，食べ歩きツアー，ガストロノミーミュージアム

出所：尾家（2017）

図表2－8　地域特有の風土や生活から生まれた料理

出所：著者撮影

していくことで、地域の食が有力な観光資源となる可能性は極めて高い。

フードツーリズムといえば、B1 グランプリを連想する方も多いであろう。2006 年（平成 18 年）から開催されているイベントであり、正式名称を「ご当地グルメでまちおこしの祭典！B1 グランプリ」という。

このイベントは、ご当地グルメを使って、地域の宣伝活動をおこなう「まちおこし団体」が、日頃の活動の成果を披露する場であり、これにより静岡県の富士宮やきそば、秋田県の横手焼きそば、青森県の八戸せんべい汁などが全国的に知られることとなった。

イベントでは、実際に飲食した来場客の投票によってグランプリが決定されるが、グランプリは、出品された「ご当地グルメ」に与えられるのではなく、まちおこし団体に与えられる。例えば、第 1 回のグランプリ受賞者は、「富士宮やきそば学会」であり、「富士宮やきそば」は、同団体の商品ブランドということになるのである。そのため主催者は、B1 グランプリの B は、ブランドの B であると説明している。

（4）ニューツーリズムの難しさ

ニューツーリズムは、体験や交流を取り入れた新しい旅行形態であり、地域活性化を目的とし、地域の特性を活かすことが必要である。それ故、難しさや課題も多くある。

まずグリーンツーリズムでは、農村漁村に民泊して体験を行うことが多いが、自然が相手であるため、天候に左右され、また近年の異常気象により、体験実施時期がずれる可能性も大きい。また、受け入れ側はあくまで農林水産業従事者であり、一般的に民泊のオペレーションには不慣れなこともあるため、観光客が不満を感じるケースもみられる。

本来の狙いや目的と逆行してしまうことも起こり得る。海外のエコツーリズムの状況について、島川（2002）が以下のように指摘している。「エコツーリズムは美しい手つかずの自然に触れるツアーになるため、どうしてもその目的地は開発途上国の地方が多くなってしまう。彼らは貧困を解消するため、年を

経るごとにそのエコツーリズムの規模を拡大していく。結局大規模な開発がおこなわれることになってしまい，マスツーリズムの形態とまったく変わらなくなってしまっている。さらに悪いことに，エコツーリズムでは自然のより奥深くまで観光客が入ってきたため，マスツーリズムではそれほど深刻にならなかった環境破壊も，より急激に進んでしまっているという報告も多い」。日本でも同様の状況が起こらないよう注意する必要がある。

　持続可能という観点からも注意が必要である。コンテンツツーリズムでは，アニメやドラマの舞台となった場所が，放映中はキャンペーンなどの効果により多くの観光客を集めるものの，放映終了後２年も持たずに集客効果が失われる，といったことがしばしば発生する。舞台となった場所は，アニメやドラマに単にあやかるという意識ではなく，そのストーリーや，ストーリーを裏付ける地域の歴史などを地域資源の１つとし，放映終了後も地域が主体となって持続的に発信していくことが必要であろう。

　また，2020 年の時点で，いわゆる聖地といわれるところは全国で 5000 か所を超えている。この中でいかに取り組みを持続させ，差別化していくかが今後の重要な課題になる。

　フードツーリズムで触れた B1 グランプリは，一時大きな話題を呼び，2015年まで毎年開催されていた。本来の目的は「ご当地グルメによるまちおこし」であったが，グルメそのものに大きな注目が集まり，「まちおこし」という本来の目的が希薄になっていることに主催者側が懸念を抱く状況となってしまった。現在は不定期での開催となっているが，全国の「地域の食」が大きな注目を集めるイベントである。本来の目的である「まちおこし」の実現に向けて，地域は一時的なグルメブームで終わらせないための正しい理解と取り組みが重要となる。

（5）旅行会社に活用されたニューツーリズム

　国によるニューツーリズムの創出や推進は，本来は地域活性化を意図し，地域に向けて発信されたものである。しかし，これにいち早く対応したのは，地

域ではなく送客側である旅行会社であった。

　2007年当時，日本の旅行業界は，加速する少子高齢化やライフスタイルの変化，バブル崩壊以降の法人団体旅行の見合わせなどにより，国内観光客数の低迷に加え，国内旅行1人当たりの消費額の減少に悩まされていた。

　マーケットニーズも多様化し，従来の物見遊山的な観光スポットの見物では物足りないと感じる人たちも増加してきた。さらに観光客の旅行会社離れという問題も顕在化していた。このような状況下で，新たな観光コンテンツを渇望していた旅行会社にとって，ニューツーリズムの「体験・交流」は，絶好の打開策と捉えられたのである。

　さらに，「モノ消費からコト消費」という言葉が注目され始めたのもこの頃である。後に経済産業省は，「平成27年度地域経済産業活性化対策調査（地域の魅力的な空間と機能づくりに関する調査）報告書」の中で，モノ消費を「個別の製品やサービスの持つ機能的価値を消費すること」，コト消費を「単品の機能的なサービスを享受するのみでなく，個別の事象が連なった総体である「一連の体験」を対象とした消費活動」としており，コト消費の例としてまち歩きや外湯巡りなどを挙げている。

　当時のコト消費への注目は，「体験コンテンツ」への注目となり，地域よりも大手を中心とした旅行会社が敏感に反応し実施されることとなった。

　旅行会社は地域と連携し，工場見学，農産物・海産物の収穫や加工体験，陶芸，蕎麦打ちなど新たな体験コンテンツの企画や発掘に取り組んだ。ロングステイも新たな顧客層の開拓のために，パッケージ化されたものが売り出された。このような旅行会社によるニューツーリズムの取り組みは，新しい「体験・交流型」の観光としてメディアにも取り上げられ，大きな話題となった。

　しかし，これらのニューツーリズムへの取り組みは，旅行会社主導で進められたため，観光地側の地域では旅行会社からの依頼を受けてコンテンツを準備し，後は送客を待つだけということが多かった。旅行会社から地域の事業者へ支払われる代金が低く抑えられることも多く，地域での利益確保が難しいケースなどが散見された。これでは，観光地自らが主導権を持つことは難しく，ニ

ューツーリズムの本来の目的である「地域活性化につながる新しい旅行の仕組み」は実現し難い。

　ニューツーリズムは，新たなコンテンツをもたらしたという点において，観光には大いに貢献したものの，地域自らがその魅力を強く発信するという面において不十分であり，地域活性化という観点からは，十分な成果が得られたとはいえない状況であった。

2 —— 着地型観光

（1）着地型観光とは

　ニューツーリズムからやや遅れて，着地型観光という言葉が使われるようになった。着地型観光の「着地」とは，旅行者が到着する場所（一般的には観光地）を指す。一方で，旅行者が出発する居住地を，着地と対比させる形で発地と呼んだ。そして，旅行会社等が企画・集客し，旅行者を観光地に送り込む観光形態を「発地型観光」，観光地（着地）側から情報を発信し，旅行者を呼び込む形態を「着地型観光」と名付けた。

　国土交通省・観光庁のホームページでは，「旅行者を受け入れる側の地域（着地）側が，その地域でおすすめの観光資源を基にした旅行商品や体験プログラムを企画・運営する形態を着地型観光と言います。独自性が高く，ニューツーリズムをはじめとして，その地域ならではのさまざまな体験ができることから，各地域の魅力を味わう上でおススメです。」と説明した。

　着地型観光とは，旅行者を受け入れる側の地域が，ニューツーリズム等を主体的に実施する観光形態であるといえる。

（2）着地型観光への期待

① 観光学で礼賛された着地型観光

　着地型観光は，観光まちづくり関連，観光マーケティング関連，旅行業関連などの学問分野で盛んに取り上げられるようになった。

　それらの多くは欧米での研究成果を参考に日本の状況を考察したものであり，マスツーリズムの課題（デメリット）の指摘と，それに対する着地型観光のメリットを主張するものである。欧米研究によるマスツーリズムとは，富裕層に限られていた観光旅行が大衆にまで拡大した現象をいうが，ここでいうマスツーリズムとは，日本国内で旅行会社等が旅行者を観光地に送り込む形態，即ち発地型観光を指すものである。

　それらの学問分野で取り上げられたマスツーリズム（発地型観光）のデメリットと着地型観光のメリットについて整理しておこう。

　マスツーリズム（発地型観光）は量の拡大に重点が置かれるため，効率性を重視する。そのため内容がどうしても画一的なものになり，観光客はその画一的な内容に飽き始めている。従って，マスツーリズム（発地型観光）では観光客に十分な満足を与えることはできない。

　旅行会社（発地側）が集客を担う関係上，観光地は従属的な立場に置かれることとなり，地域の観光事業者への利益配分が少なくなる。また，観光事業者は旅行会社との結びつきは強いが，地域内での結びつきが希薄であることが多い。そのため，観光事業者の利益が地域内へ波及しにくい。

　さらに，観光地開発の過程で，地域の環境等への負荷が大きくなることが考えられる（図表2‐9）。

　一方で，着地型観光には，地域にとって数々のメリットがあるという主張がされた（図表2‐10）。

　地域のことを熟知する地域（着地側）自らがツアー等を企画するため，必然的に内容は地域ならではのものとなる。そのため画一的なマスツーリズム（発地型観光）では不満足を感じる観光客でも，十分に満足させることができる。

　着地型観光においては，地域のありのままの生活様式や昔からその地に伝わる食文化など，従来は観光資源として考えていなかったモノやコトまでを幅広く観光資源と捉える。いわゆる大規模な観光施設や美しい自然景観など一目でわかる観光資源が無くとも，工夫次第でその実行が可能である。そのため新たに大きな投資も必要としない。

図表2−9　マスツーリズムのしくみと地域のデメリット

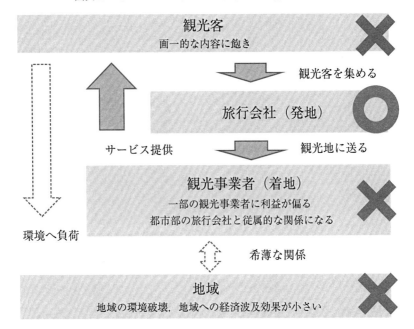

　また，地域全体が連携し，地域住民自らが積極的に関わるため，観光客の支出によって発生する直接的な経済効果だけではなく，地域の中に波及し他の産業までをも振興させる効果がある。

　取り組みの過程で地域の価値が再確認され，地域のアイデンティティーが共有され，地域内のコミュニティーは強化されていく。さらに，住民の伝統的な生活環境や景観保全への意識の高まりも期待できる。

　これらの着地型観光のメリットと期待を背景に，行政の主導により全国で一斉に着地型観光の取り組みが進められることとなった。

② 　着地型観光推進のために改定された旅行業登録要件

　推進に向けた条件整備の１つとして，旅行業登録のルールが改定された。旅行業を実施するには旅行業登録が必要になるが，この旅行業登録は，従来，第

図表2-10　着地型観光のしくみと地域のメリット（理論上）

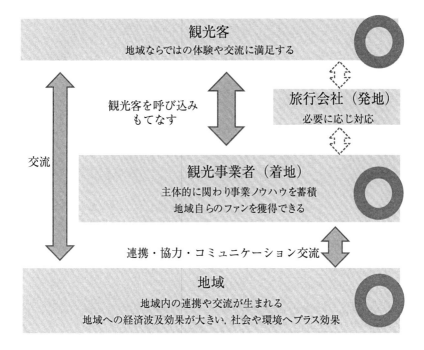

1種，第2種，第3種に分類されていた。これらの区分によって，募集型企画旅行をどの範囲まで取り扱えるかが異なる。募集型企画旅行商品とは，「旅行会社が，あらかじめ旅行計画を作成し，参加者を募集して実施する旅行」であり，いわゆるパッケージツアーのことである。

　パッケージツアーの企画・実施に関し，第1種では，国内・海外両方が可能であり，第2種では，海外は不可，国内は可能である。第3種では国内・海外いずれも不可，というルールであった。

　募集型企画旅行以外のものとして，旅行者の依頼に基づいて旅行会社が旅行計画を作成する「受注型企画旅行」と，旅行者の依頼で手配を代行する「手配旅行」があるが，これらは第1種から第3種の種別に関わらず，国内・海外共に全て取り扱いが可能である。

　着地型観光においては，多くの場合地域自らが体験ツアーや交流プログラム
を企画し，参加者を募集することになる。これは国内の募集型企画旅行（パッ
ケージツアー）に該当するため，第2種の旅行業登録が必要であった。しかし，
営業保証金1,100万円や基準資産額700万円という登録要件の高さが障壁とな
っていた。

　そこで，着地型観光推進に向けた地域の観光関連事業者の旅行業登録を容易
にすることを目的に，2007年度より旅行業法が改定された。第3種旅行業登
録でも，登録事業者の所在市町村と隣接する市町村の範囲内に限定し，募集型
企画旅行（パッケージツアー）の企画・実施を可能としたのである。

　さらに2013年には，「地域限定」旅行業登録区分が新たに創設された。地域
限定の登録では，登録事業者の所在市町村と隣接市町村に限定した旅行であれ
ば，募集型企画旅行（パッケージツアー），受注型企画旅行，手配旅行の全ての
取り扱いができる。ただし，限定地域以外を対象とした旅行の取り扱いは一切
できないというものである。

　着地型観光に取り組む地域にとっては，自らの地域周辺の旅行を企画・実施
できれば良く，地域外や海外への旅行の取り扱いは考えていないため十分事足
りる。営業保証金の供託額と基準資金額について，第3種よりもさらに引き下
げられ，各々100万円となった。これにより，地域の事業者の着地型観光への
参入が一層容易になった（図表2-11）。

（3）マーケットの反応

　観光客は画一的なマスツーリズムに飽き始めており，マーケットは，体験・
交流など，地域ならではのコンテンツを求めているという前提で取り組みが進
められていた着地型観光であったが，これに対する国内マーケットの実際の反
応は，やや異なっていた。

　筆者が旅行に興味のある幅広い世代（4,084名）に対しインターネットで実施
したアンケート調査では，次のような結果が得られている。旅の目的について，
一番の目的は，ゆっくりのんびり癒されたいことであり，続いてその土地の味

図表2－11　旅行業登録種別毎の要件

旅行業登録種別	業務範囲				要件		
	企画旅行			手配旅行	営業保証金	基準資産額	旅行業取扱管理者の選任
	募集型		受注型				
	海外	国内					
第1種	○	○	○	○	7,000万円	3,000万円	必要
第2種	×	○	○	○	1,100万円	700万円	
第3種	×	△注	○	○	300万円	300万円	
地域限定	×	△注	△注	△注	100万円	100万円	

△注　旅行の催行区域が，旅行ごとに1つの営業所の存在する市町村，これに隣接する市町村及び国土交通大臣が定める区域の区域内に設定されている場合のみ可

覚を堪能したい，歴史文化・自然環境の現地を見たいという回答が続いている（図表2－12）。

　定番の観光スポットを見たあと，おいしいものを食べ，のんびりしたいというイメージである。これは従来からあった欲求であり，マスツーリズムでは，「ゆっくりのんびり」を除いては，ほぼこの欲求には応えてきている。

　一方，体験や交流への希望を表す選択肢への回答は少ない。しかし，その中でも年代別の違いを見出すことができた。

　体験や交流への希望を表す選択肢への回答が，年代が下がるにつれて増加していく傾向が見られた。図表2－13は，20代以下と60代以上の回答者を抽出し比較したものであるが，明らかな違いが見られる。

　「着地型観光によって観光が魅力的になるか」という質問では，「とても魅力的になる」と「まあ魅力的になる」の合計で半数を少し超えており，一定の期待があることがうかがえる。また，「とても魅力的になる」という回答に着目した場合，性別・年代別に顕著な差異が認められた。「とても魅力的になる」と回答した人は，全体の中では約12％であったが，男女別での割合を見ると，女性の中では約15％，男性では9％程度にとどまった。年代別では，年代が下がるにつれ「とても魅力的になる」という回答の率が高くなっていく。60代

図表 2 - 12　国内旅行の目的（n = 4084）

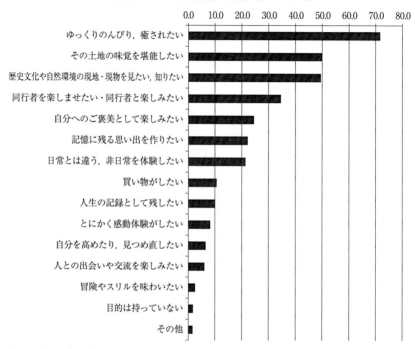

出所：才原（2015）

以上では 9 ％弱であったが，20 代以下では 20 ％を超える人が「とても魅力的になる」と回答している。

　また着地型観光の期待に関するフリーアンサーでは，「選択肢が増えることは良い」という程度の回答にとどまったが，不満や懸念については具体的に多くの意見が寄せられた。最も多かったのが，望まないサービスを地域から押し付けられることへの警戒感である。また，事前の情報不足，商品内容のレベルやサービス水準への不安，価格の妥当性についての不安などが多く挙げられた（図表 2 - 15）。

　この結果を改めて整理すると次のように考えられる。日本のマーケットはマスツーリズムを特に否定している訳ではなく，どちらかといえば満足している

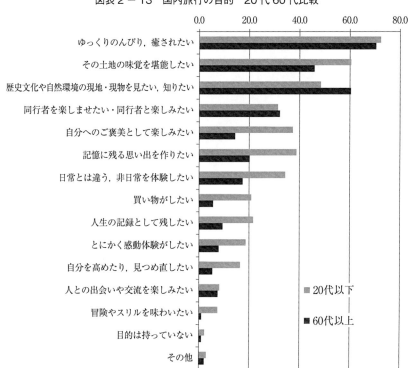

図表2−13　国内旅行の目的　20代60代比較

出所：才原（2015）

といえる。着地型観光への期待もあるが，着地型観光の品質レベルや安全性，料金の透明性については強い懸念をもっている。

　つまり，日本の着地型観光は，欧米での観光研究でいわれているような，マスツーリズムにとって代わる位置づけのものではなく，マスツーリズムを肯定したうえでの補完もしくは共存という認識がされていると考えることが妥当である。

　快適性や安心・安全という観点において，現在の着地型観光はマーケットからの信頼を得ているとは言い難い。一定の快適性は保ちつつ，安心や安全を担保したうえでの地域らしさでなければならないということは言うまでもない。

図表2－14　着地型観光への期待（n = 4084）

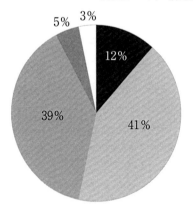

■ とても魅力的になる
■ まあ魅力的になる
■ どちらとも言えない
■ あまり魅力的にならない

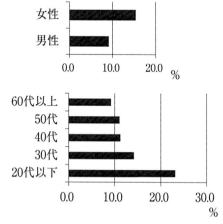

「とても魅力的になる」
と回答した人の割合（属性別）

出所：才原（2015）

図表2－15　着地型観光への懸念事項（n = 560）

不安・懸念	割合
旅行者の希望と地域の取組の不一致と，それを押し付けられる不安	36%
事前の情報の入手方法の困難さや，入手した情報の不確実さへの不安	29%
商品そのものの品質（企画レベル，運営・サービスレベル）のばらつき，および低さへの不安	15%
料金の妥当性，又は料金の不明朗さへの不安	12%
確実に予約がされているか，また確実に催行されるかどうかについての不安	5%
安全面，衛生面への不安	3%

割合（%）は，フリーアンサーに回答のあった560件を内容別に分類し算出
出所：才原（2015）

また，多くの地域でシニアをターゲットとした取り組みがみられるが，若年層や女性の意識が高いということを意識すべきである。

（4）先行事例の状況

①　収益元と収益構造

　2010年当時，着地型観光の先行事例として紹介されていた事業者のうち，9事業者の収益構造について総括的に触れることとする。

　なお，このデータは筆者による事業者へのヒアリングに基づいているが，事業者によって数値の算出方法が必ずしも同じでなく，厳密な比較ができるものではない。あくまで傾向を見るためのものであると理解いただきたい。

　9事業者とは，南信州観光公社（長野県飯田市），若狭三方五湖観光協会（福井県若狭市），まつうら党交流公社（長崎県松浦市），鹿角観光ふるさと館／道の駅かづの（秋田県鹿角市），信州いいやま観光局（長野県飯山市），出石まちづくり公社（兵庫県豊岡市），おおず街なか再生館／まちの駅あさもや（愛媛県大洲市），とみうら／道の駅とみうら・枇杷倶楽部（千葉県南房総市），ニセコリゾート観光協会（北海道ニセコ町）である。

　収益源は旅行業のみならず，物販・飲食，コンサルティング業務，行政等からの受託事業等多岐にわたることが見て取れる。そして，旅行関連収入の比率が全体的に低い。例えば元々が「道の駅」であったところの物販収入率が高いことは理解できるが，観光協会が母体となっている社団法人若狭三方五湖観光協会やニセコリゾート観光協会においても，旅行収入は物販収入を下回る。ニセコ観光協会の旅行業の割合は30％であるが，そのうち80％が町民のための旅行手配であることを考えると，純粋な着地型観光の比率は10％に満たない（図表2-16）。

　以上のことから，純粋な観光事業だけで成り立っている事業者は皆無である。つまり，着地型観光で事業化を図る場合，純粋な観光事業だけで利益を確保することは難しいことを認識したうえで，物販事業や行政からの受託など様々な収益元を確保することが必要である。

図表 2 - 16　9 事業者の主な事業内容と収益源

南信州観光公社（長野県飯田市）
観光誘致事業，体験プログラムの企画・開発，観光コーディネータ機能，観光施設などのスタッフ研修，観光案内所の受託，観光開発に関するコンサルタント業務，観光土産品などの製造・加工販売
若狭三方五湖観光協会（福井県若狭市）
行政からの補助金 30％，物販収入 26％，レンタサイクル等 14％，旅行収入（着地）14％
まつうら党交流公社（長崎県松浦市）
観光誘致事業，体験プログラムの企画・開発，観光コーディネータ機能，観光施設などのスタッフ研修，観光案内所の受託，観光開発に関するコンサルタント業務，観光土産品などの製造・加工販売
鹿角観光ふるさと館／道の駅かづの（秋田県鹿角市）
飲食・物販・宿泊業 77％，旅行業収入 14％（うち着地型旅行関連 4％程度）
信州いいやま観光局（長野県飯山市）
着地型旅行商品の開発，販売，地域ブランド産品・土産品の開発・販売，地域入込客動向調査の実施，広報人材の育成，観光施設の受託事業
出石まちづくり公社（兵庫県豊岡市）
駐車場管理，出石観光センター直営店，観光ガイド，集合貸し店舗事業，ハーブショップ（香りの城），レンタサイクル，旅行代理店（いずしトラベルサービス）
おおず街なか再生館／まちの駅あさもや（愛媛県大洲市）
飲食物販 60％，人材育成等受託 15％，旅行業 15％，グッズ販売 10％，旅行業収入 14％（うち着地型旅行関連 4％程度）
とみうら／道の駅とみうら・枇杷倶楽部（千葉県南房総市）
観光客誘致，特産品卸，加工品・売店・喫茶店・文化事業，花苺栽培，枇杷試験圃場
ニセコリゾート観光協会（北海道ニセコ町）
旅行業 30％（うち 80％程度は町民の旅行手配），物販 50％，観光案内業務等の受託業務 14％

②　兵庫県豊岡市の出石まちづくり公社

ここでは，兵庫県豊岡市の出石まちづくり公社について紹介する。

出石は，城下町の古い町並みと皿そばで多くの人を魅了する観光地である。かつての家老屋敷や江戸時代からの町割が，「その時代にタイムスリップしたような不思議な感覚」を感じさせてくれる。

歴史的景観を損なわないように，電線類の地中化や自動販売機・ゴミ箱を和風デザインにするなどの細部への配慮も奏功し，町全体から感じられる美しい城下町の街並みは「但馬の小京都」と呼ぶにふさわしく情緒にあふれている。

しかし，町のすべてが当時のまま残っているわけではない。家老屋敷・辰鼓楼（しんころう：時計台）・出石城の石垣・1708年創業の酒蔵など，当時から残るものと近年復元されたもの，それらの景観に合わせて新たに整備されたものなどを複合して今の魅力的な街並みを作り出している。

特産品の出石そばは，豊岡市を代表する郷土料理で，町内には50軒もの蕎麦屋が軒を連ねる。皿に小分けになったそばで出されるスタイルが特徴的で「挽きたて」「打ちたて」「茹がきたて」の“三たて”が出石そばの伝統的な信条とされている。小皿は出石焼で各店舗オリジナルの絵付けがされており，各店の皿を見るのも楽しみ方の１つとなっている。

出石は，城下町として発展したが，明治になって鉄道が敷設されなかったため，衰退傾向を続けていた。昭和30年代後半頃から，町の衰退に歯止めをか

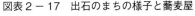

図表２－17　出石のまちの様子と蕎麦屋

出所：DAYTRIP出石ホームページ

けるべく地域住民によるまちづくりが始まった。当時から観光名所であった，城崎温泉と天橋立には多くの観光バスが走っており，その観光客の人たちに立ち寄ってもらうことに着眼したのである。そこでまず，全額町民の寄付によって出石城隅櫓（すみやぐら）を復元させた。

　次に，特産品となる食づくりに着手した。出石の皿そばは江戸時代からの歴史はあったが，当時は3軒が冬期営業していただけであり，名物にするには力不足であった。そこでまず観光協会が率先して直営のそば屋をはじめ，域内にも出店を働きかけた。やがて店舗が増え，出石の皿そばが広く知られるようになると，観光協会直営のそば屋は役目を終え閉鎖された。現在では出石そばを目当てに来訪する観光客も多く，出石のまちづくりに大きく貢献した。

　観光協会は，住民参加の観光まちづくりを推進するため，1983（昭和58）年に協会員を一般公募し，全国でも珍しい町民参加型の協会となった。そして1988（昭和63）年に設立した「いずし観光センター」などで順調に売り上げを伸ばし，その収益は町の観光振興に活かされてきた。さらに，観光協会は，幅広い事業展開に対応するため，事業部門を独立・法人化させ，1998（平成10）年，（株）出石まちづくり公社となったが，ここでも地域住民が積極的に出資し，住民の出資比率は80％程度を占める。現在は，いずし観光センターのほか，観光ガイド，ハーブショップ，ショッピング＆グルメスポット運営，各種イベントや，駐車場・空き地・空き店舗有効活用，トラベルサービス事業まで展開している。

　次に，着地型観光に取り組む地域の一般的な状況について見ていこう。

（5）着地型観光商品の特徴

　小林（2009）は，全国の着地型観光商品を調査し，その内容から4つの類型に分類した。（図表2−18）。一点濃密体験型，ふるさと体験滞在型，深慮専門ガイド型は，いずれも時間をかけてじっくりと地域ならではの魅力を体験する着地型観光の本来のねらいに合致した内容であり，その3類型で全体の72.6％を占める。

図表2-18　着地型観光商品の類型と内容

類型	内容	割合
一点濃密体験型	広範な移動は行わず比較的に少ない立ち寄り場所で，じっくりと濃密に自然体験や文化体験などの体験系活動をおこなう。	37.8%
B級資源回遊型	バスやタクシーを使って，歴史系，産業・文化系，自然系，商業施設など多くの場所に立ち寄る。 立ち寄り場所は，どうしてもB級観光資源となることが多く，地元の協力者は少ない。	27.4%
ふるさと体験滞在型	地場産業や伝統工芸を体験するツアーに代表される。 参加者の数や地元協力事業者が多い	18.5%
深慮専門ガイド型	専門性の高いガイドによって奥深い解釈を伴いながら博物館や町並み・集落を巡るツアーに代表される。 小規模な参加人数で，そこに地元民が密着帯同する。	16.3%

調査数：24団体／着地型商品135件

出所：小林（2009）

　しかし，B級資源回遊型については，近隣地域の数多くの施設に立ち寄る周遊型であり，有名な観光地でない場合，立ち寄り場所はいわゆる「B級」の観光資源となることが多いとしている。これは，図表2-15により前述した「着地型観光への不安・懸念」の回答にあった「商品そのものの品質のばらつきおよび低さ」または「旅行者の希望と地域の取り組みの不一致」が顕在化している可能性がある。その類型が27.4%を占め，全体の2番目に多いということは，着地型観光の商品内容について懸念される点である。

（6）推進体制

　着地型観光を進めるには，以下のプロセスが必要となる（図表2-19）。
　第1段階で，地域の現状把握をおこなう。そのために，まず地域資源の洗い出しから始めることになるが，これはよく，「地域の宝探し」といった言葉で表現されている。このプロセスは，行政が音頭をとり，商工会・観光協会など

図表2－19　着地型観光の推進プロセス

段階	実施事項		ポイント
1段階	現状把握	地域資源の洗い出し	多くの地域でこの段階が進められている。NPO，商工会，観光協会などが中心となり，地域事業者や住民を加えて議論されることが多い。
		地域資源の整理	
		地域の状況把握	
		着地型観光の目的，期待する効果の検討	
2段階	方針決定	着地型観光の目的効果の整理	地域内のコンセンサスが得られていること
		マーケットニーズの把握	
		着地型観光の基本方針決定	
3段階	推進体制整備	推進主体の検討	
		推進主体の決定	
4段階	事業推進	地域資源の商品化	
		着地型観光の流通・販売網の整備，情報発信，集客・販売	
		商品の改善・見直し	
5段階	観光客受け入れ体制整備	観光インフラの整備	
6段階	地域の観光マインド醸成	地域のホスピタリティ向上	

が中心となり，地域事業者や住民を加えて実施されることが多い。そして，洗い出した観光資源を整理する一方，着地型観光を実施する目的や期待される効果についての検証をおこなう。

　第2段階では，第1段階で検証した着地型観光の目的・期待される効果を明らかにし，方針を決定する。そして，収益規模の想定，ターゲットの絞り込みをおこなう。一口に観光といっても様々な種類があるため，それらを明確にし，洗い出した地域資源と重ねることで，実施する観光の方向性が見えてくる。このプロセスにおいては，地域内のコンセンサスを取ることが最重要となる。

　第3段階は，推進主体の決定である。つまり具体的に着地型観光を誰が実施

するかを決める。観光協会などの公的機関，地域の中核となる旅館やホテル，観光バス会社などが候補となるであろう。また新たに法人を立ち上げることも考えられる。

　第4段階は，事業の開始である。第1段階・第2段階で明確にした方向性により，マーケットニーズにあった観光商品を造成，その情報を発信し集客・販売していく。商品内容は，常に改善・見直しをすることが求められる。

　そして，観光客の増加が見込まれるようになってくると，観光インフラの整備（第5段階），地域のホスピタリティ向上（第6段階）へと進んでいくこととなる。

　しかし，現実には，地域の推進主体が明確に決まらない状態で着地型観光の取り組みが進められるという例が多く見られた。前述した9つの先行事例のように明確な推進主体があるところは，むしろ少数派であった。

　一般的に，第1段階から第2段階までは，概ね上記のプロセスによって進められる。ところが，第3段階の推進主体の検討段階に入った時点から，観光協会や商工会・商工会議所，行政等の当事者意識が薄れ，後方支援の立場に徹してしまうケースが多くなる。

　また，地域内にツアーの実施を担える旅行業者がいなければ，比較的事業分野が近いという理由で，旅館や観光バス会社等が当該業務を担うが，経験やノウハウも少なく，自然消滅してしまうことも往々にして発生する。結果として，着地型観光に取り組んではみたものの成果が得られない，着地型商品は作ったものの，実施できないといった状況に陥る地域も散見された。

（7）着地型観光の課題

　着地型観光の実態を改めて整理したのが，図表2-20である。

　地域として着地型観光に取り組むものの，多くは事業化に至らず，事業化できている場合でも利益確保に苦戦している。

　観光客は，一定の期待はあるものの，懸念事項が多く積極的に参加するという行動には至らない。まだマスツーリズムの方に安心感を持っている状況であ

図表 2 － 20　着地型観光の実態

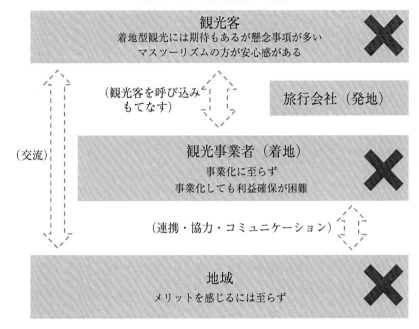

る。地域住民は，事業化が進まないためメリットを感じるには至らない。

　つまり，着地型観光が解決すべき課題は，事業主体の明確化と事業推進力の強化，マーケットの正しい把握と顧客への対応力強化であり，商業的に成り立たせることを前提とすべきである。これらの課題の解決を抜きにして，着地型観光は成立しない。

　そこで観光地のマーケティングとマネジメントをおこなう組織である「DMO」が注目を集めることとなった。

3── 観光地域づくり法人（DMO）

（1）地域の観光の司令塔を目指す

① DMOとは

　DMOとはDestination Marketing／Management Organizationの頭文字をとった言葉である。Destinationは地域，目的地という意味があるが，ここでは観光地と考えればわかりやすい。MにはMarketingとManagementの2つの意味を持たせている。Organizationは組織を意味する。直訳すると，観光地のマーケティングとマネジメントをおこなう組織ということになる。

　DMOは既に海外で成功事例があった。欧米では長期のバカンスが一般的であるため，各観光地は自らが主体となって観光客を呼び込む，いわゆる着地型観光の形態が定着しており，その推進主体としてDMOが既に存在していたのである。

　それを参考として，日本の事情に合った取り組みを推進するための日本版DMOが検討された。2015年より観光庁による「日本版DMO候補法人」の登録制度が創設され，2017年度には41法人が正式に「日本版DMO」として登録された。そして，2020年までに世界水準のDMOを全国で100件形成することが目標とされた。

　観光庁は日本版DMOを，「観光地経営の視点に立って観光地域づくりを行う組織・機能」と定義した。そしてDMOは，地域関係者と協同し，観光地経営の視点に立ち，明確なコンセプトをもって戦略を策定し，着実に実施することで地域の稼ぐ力を引き出す。そして観光における地域の司令塔となること，また，個別事業として着地型旅行等を実施する，と説明されている。

② 登録DMOと候補DMO

　2020年より登録基準が厳格化されたことに伴い，「日本版DMO」から「登録DMO」に名称変更された。

　既に基準を満たしている場合，「登録 DMO（登録観光地域づくり法人）」とし
ての登録が可能である。現状では基準を満たしていないが，今後該当すること
が見込まれる場合は「候補 DMO（観光地域づくり候補法人）」として登録され，
基準を満たした段階で「登録 DMO（登録観光地域づくり法人）」となることが可
能となる。

　登録には更新が必要であり，更新期間は 3 年である。要件を満たさなくなっ
た法人や規定の報告書を観光庁に提出しない法人などは登録を取り消される。
また，「候補 DMO」に登録されてから 3 年を経過しても「登録 DMO」になら
ない場合，「候補 DMO」の登録が取り消される。

③　登録基準
　厳格化された登録基準は次の 5 要件である。これらの要件が定められた意図
や，具体的に求められている内容について見ていく。

DMO 登録 5 要件
「DMO」を中心として観光地域づくりを行うことについての多様な関係者の合意形成
データの継続的な収集，戦略の策定，KPI の設定・PDCA サイクルの確立
関係者が実施する観光関連事業と戦略の整合性に関する調整・仕組み作り，プロモーションの実施
法人格の取得，責任者の明確化，データ収集・分析等の専門人材の確保
安定的な運営資金の確保

　DMO の合意形成の仕組みについては，行政や幅広い分野の関係団体の代表
者が意思決定に関与できる立場で参画できること，或いは行政や関係団体をメ
ンバーとする委員会を DMO 内部に設置すること等が求められている。また，
関係者や地域住民に向けた報告書の作成も必要とされた。
　DMO では，データに基づく科学的・論理的な取り組みが求められており，
各種データの継続的収集や分析が必要となる。そのため，その分野の専門家の

専従が不可欠とされた。さらに，データに基づくコンセプト作りや戦略の策定，実施後の進捗のチェック，必要に応じた戦略の修正等が重要であるとの認識から，観光庁へのKPI状況やPDCAサイクルの実施の報告の徹底が求められている。

　登録に際し，認められている法人格は，NPO法人，（一般・公益）社団法人，（一般・公益）財団法人，株式会社であり，任意団体については認められていない。また，最終責任を負う者の明確化も必要とされた。この要件については「候補DMO」であっても，登録申請前に法人格の取得が義務化されており，責任の所在の明確化が強く求められていることがわかる。

　DMOが継続的に活動をしていくためには，安定的な運営資金が確保される見通しが立つことが必須であり，安定的な収益事業を持っていることが求められる。またこれには公物管理などの受託や，地域の関係者からの会費収入なども想定されている。運営資金の適切な管理の観点から，財務責任者（CFO）の設置も義務付けられている。

④　登録区分

　DMOの登録区分は，その活動エリア，役割や目的に応じて，以下の3つの区分を設けている。活動エリアについては，次のとおりである。

地域DMO	基礎自治体である単独市町村を観光地域として活動する
地域連携DMO	複数の地方公共団体に跨がる区域を観光地域として活動する
広域連携DMO	複数の都道府県に跨る地域を観光地域として活動する

　役割や目的については，地域DMOと地域連携DMOについては，地域の多様な関係者と連携した着地整備，広域連携DMOについては，広域的な連結性を持つコンテンツ開発，各地域への働きかけ，広範囲にわたる戦略策定やマーケティングの実施と明確化された。

　また,「地域連携 DMO」や「広域連携 DMO」により, 行政区分の枠を超え
た活動が可能となったことは観光にとって大きなメリットとなる可能性が高
い。従来, 行政区分単位での施策では解決し得ない課題が多く存在していたが,
これらの課題を解決し行政区分を跨る地域づくりを牽引することが期待されて
いる。

（2）DMO の事例

①　海外の先進事例

　　〜 DMO「ビジット・ナパ・バレー」〜

　日本の DMO は, 海外の先進事例を参考に導入されたが, 海外での成功事例
として, 米国カリフォルニア州の DMO「ビジット・ナパ・バレー」を紹介し
ておこう。

　ナパ・バレーはサンフランシスコから北に位置する世界的なワインの産地で
あり, 約 500 のワイナリーが点在する。

　DMO の「ビジット・ナパ・バレー」は 1990 年に民間 NPO 法人として設立
された。ワイナリーや宿泊施設, 観光業者などの関係者と連携しながらナパ・
バレーワインを世界的ブランドに高めたことで知られている。さらに, ゴルフ
やハイキング, サイクリングなどのスポーツをテーマとした観光や, 会議施設
とワイナリーの建物を活用した MICE 誘致にも積極的に取り組んでいる。

　活動の財源としては, 特定地区の宿泊料金に一定の料金を課す TID (Tourism
Improvement District ／観光産業改善地区) という仕組みが使われており, ビジ
ット・ナパ・バレーでは宿泊料金に 2%の課金がされる。これがビジット・ナ
パ・バレーの財源となり, 現在では年間 700 万ドル近くになっている。これを
原資として新たな投資をおこない, それによって観光客が増え, 宿泊施設に還
元されるという, 好循環が生まれている。

② 広域 DMO の事例

　〜せとうち DMO 〜

　最近では DMO の成功事例が紹介され始めるようになった。広域 DMO として最も知られているのが，瀬戸内を囲む7県（広島県，兵庫県，岡山県，山口県，香川県，徳島県，愛媛県）が合同で結成し活動する「せとうち DMO」であろう。

　せとうち DMO は，2013 年に外国人観光客誘致にむけた，マーケティングや商品開発の広域連携を目的の1つとして設立された「瀬戸内ブランド推進機構」から始まった。

　外国人観光客は，遠方から来日するため基本的には周遊する。そのため，外国人観光客誘致は広域で取り組まなければ難しい。これが，広域連携を選択した理由である。

　現在,「瀬戸内ブランド推進機構」は,「一般社団法人せとうち観光推進機構」と「株式会社瀬戸内ブランド」の2つの組織に分かれ，両者一体となり「せとうち DMO」として活動している。そして，前者がマーケティング戦略，後者が観光開発事業者への経営支援や資金支援を担う。

　マーケティング活動としては，日・中・英に対応した自らのメディアでの瀬戸内エリアの魅力発信，宿泊施設や体験型コンテンツの予約機能も備えた海外向けサイトの運営等が実施されている。さらに，「せとうち DMO」にとって大きなマーケットである英国への PR のため，英国の旅行専門マーケティング会社とのパートナーシップを結び，同社との関係を円滑にするための国内エージェントも活用した。

　観光開発事業者への経営支援や資金支援としては，約 800 の事業者に向け，地方銀行と連携した資金調達，プロモーション，通訳サービスやモバイル決済導入など多角的な業務サポートが実施されている。なお，観光収入を増やすためには投資が不可欠という観点から，せとうち DMO には約 20 社の地方銀行が参画している。

③　地域 DMO の例

〜南信州観光公社〜

　着地型観光の例として紹介した南信州観光公社は，2018 年に DMO として登録された。ここは，着地型観光の唯一の成功事例と考えられていたところであり，国が着地型観光を推進するきっかけになったともいわれている。この南信州観光公社の成功要因は，「農林業体験」に代表される体験ツアーの企画・実施をはじめたことにあると広く認識されている。これに倣い全国で同様のプログラムが作られるようになったが，残念ながら他の多くの地域では思うような成果が得られなかった。ここでは DMO の登録要件からその理由を考察しよう。

　同社設立の経緯に触れておく。1996 年，長野県飯田市商工観光課観光係が，都市部の小中学校の教育旅行に同市の農業体験を取り入れてもらおうと動き出したことにはじまる。

　そして，首都圏の大手旅行会社で教育旅行の担当をしていた高橋氏（現南信州観光公社社長）が，飯田市からの提案を受け，様々な困難を乗り越えながら実施にこぎつけた。

　農業体験の受け入れにあたり，地域住民の関心も非常に高く，来てくれた生徒に絶対に満足してもらいたいとの想いから，生徒 2 人対して地域住民 1 人が手厚く対応した。結果は上々であり，感激で泣きだす生徒も大勢いたとのことである。農業体験プログラムは，学校や生徒さらには地域からも高い評価を得ることとなった。その後，教育旅行の受け入れは，民泊などの要素を加え，規模を拡大しながら継続されていった。

　そして 2001 年，この事業を本格的に推進すべく，飯田市および周辺 4 自治体，地元企業・団体の出資による第 3 セクターとして南信州観光公社が設立された。偶然同じタイミングで旅行会社を退職していた高橋氏が，同社の実質的な責任者に就任した。

　この時点で教育旅行の受け入れは年間約 100 校，50,000 人を超えていた。その後も事業は順調に推移し，地域経済に大いに貢献した。そして，2018 年に

DMO として登録されたのである。

　南信州観光公社の成功要因について，高橋氏自身次のように分析している。

　まずは，地域住民と観光客が一体となる体験型観光の発想である。この発想自体は様々な地域で提唱されているが成功例は少ない。これは推進主体が地域の一体感を醸成するための求心力を持つことが難しいためである。飯田においては，地域の自治体や観光関連事業者の出資で設立された同社がその役割を果たしている。

　次に，教育旅行に特化したことである。その中でも同社は，体験プログラム・体験旅行のコーディネートを中心とした，地域に入ってからのオペレーション業務に集中し，学校への営業や旅行中のコンダクター業務などは旅行会社に任せた。地域と旅行会社の役割分担を明確にし，彼らとの競合を避けたことが共存につながっている。

　また，個人客を対象とした募集ツアーは当初は実施しなかった（現在では実施）。個人客をメインターゲットに据え苦戦している地域が多いが，手間暇がかかるうえ，リスクが大きいためである。

（3）成功要因を考える

　改めて南信州観光公社の事例から成功要因を考えてみよう。まず挙げるべきは，最初の受け入れの際，地域が団結し成功に向けて一丸となって取り組み，学生の感動を呼んだことであろう。これが無ければ次は無かった可能性が高い。

　次に，事業責任者の高橋氏が，発地サイドの旅行会社に在籍していたため，マーケットを熟知していたことである。マーケットを正しく理解していたからこそ，教育旅行に特化するという判断ができたのである。また，事業のオペレーションに精通していたことが，都市部の旅行会社との役割分担による共存の判断を生んだと考えられる。

　つまり，成功要因は，農林業などの体験型プログラムそのものにあるのではなく，地域が一体となって顧客に感動を与えたことであり，的確なマーケットの把握や業界構造への理解と，事業推進ノウハウを持っていたことにある。農

林業の体験型プログラム成功の裏にある，本当の成功要因を共有していくことが大切である。

　また，この中に DMO の登録要件の多くが含まれていることがわかる。設立経緯から，地域内の合意形成，法人格の取得，責任者の明確化がなされていたことが見て取れる。旅行マーケットや，旅行ビジネスの特性に精通していたことが，教育旅行への特化や都市部の旅行会社との共存という判断を生み，安定的な収益源確保につながった。

（4）DMO の課題

　前述の例で示したように，DMO が地域の司令塔となって機能すれば，着地型観光の課題はほぼ全て解消されるはずである。しかし，現状では必ずしも全ての DMO が機能している訳ではない。機能している DMO は全体の 2 割にも満たないといわれている。その理由と課題は以下のとおりである。

　1 つ目は，DMO に参画する事業体の認識と課題である。例えば，大手事業者には，DMO の業務を通じて，自らが得意とするビジネスモデルに落とし込み，自社の利益につなげようと考える傾向がみられる。そのため，地域に寄り添う姿勢が不足していることも多い。

　一方，地域へ強い想いのある事業者は，事業推進力に欠けることが多い。DMO に参画する事業者の中に，地域への熱い想いと，構想力・企画力，事業推進能力までの全てを兼ね備えたところは少ない。そもそも DMO は，日本では新しい取り組みであり，当該事業の経験を有する事業者は少ないのである。そのため，参画する事業者は，お互いが知恵を出し合い，それでも不足する部分を学びながら取り組むことが必要である。

　次に，スキルや知識を持った人材確保の問題である。DMO の登録要件にデータと財務の責任者の設置が示された。しかし実際に必要なものはそれだけではない。

　DMO が観光を取り扱い，そこに宿泊や飲食を伴う以上，まずは観光業の知見，そして，宿泊や飲食施設に関わる関連法規の理解やオペレーションに関す

る知識は最低限必要である。

　個別事業として着地型のツアーを実施するのであれば，ツアーの企画やオペレーションの能力が必須となる。実務には旅行業登録が必要であり，旅行業関連法規等への理解も求められることとなる。

　観光の取り組みが，まちづくりにまで発展する場合は，建築，交通，景観などの知識も必要となる。

　事業構想力，マーケティング力，広告・宣伝ノウハウ，ホスピタリティへの理解度は，旅行業・観光業に共通して必要となる能力である。さらに，地域のコンセンサスづくりにむけた提案力や調整力など，DMO に求められているものは，非常に多岐にわたっている（図表 2 − 21）。無論，DMO は連携を前提としており，上記の全てを DMO 単独で担う訳ではない。しかし司令塔である以上，連携先へ任せきりにすることはできない。基本的な知識とスキルを持つこ

図表 2 − 21　DMO に求められる役割と能力

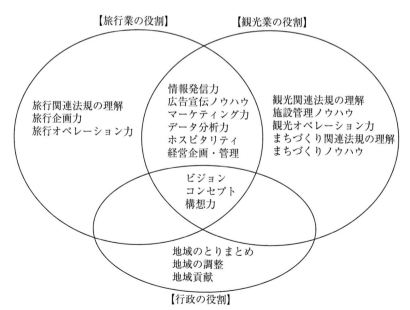

とが必要である。

　ところがその認識が不十分なケースが多く，筆者の経験上，事業として実施する観光や旅行と，消費者としての観光・旅行は全く異なるということへの認識不足から，これらのスキルが軽視される傾向が見られる。あるDMOでは，広告代理店が中心となって活動していたが，スタッフの中に，観光や旅行の経験や知識を持つ者は皆無という状況であった。

　3つ目が財源の問題である。DMO「ビジット・ナパ・バレー」の活動の財源として，特定地区の宿泊料金に一定の料金を課すTID（Tourism Improvement District／観光産業改善地区）という仕組みが取り入れられていることについては既に紹介したとおりである。また，南信州観光公社のように，営利事業で安定した収益源が確保できることは理想である。

　しかし，助成金に頼った活動になっているところは多い。地域活性化に向けた従来の助成金事業は3年程度で終了することが一般的である。助成金が無くなると同時に取り組みが終了してしまうケースが散見されているが，このような事態は避けなければならない。

　比較的うまく機能しているDMOの中には，域内の駐車場管理業務や，観光案内所業務などを自治体から受託することでDMOの貴重な運営資金としているケースがみられる。

　しかし，これをもって，DMOが自治体から単に援助を受けていると考えることは誤りである。DMOには，観光まちづくりの司令塔となることが求められているが，これらは本来自治体の役割である。自治体が担うべき業務を，DMOに委ねているのであり，その対価が必要となるのは当然のことである。つまり，駐車場管理業務や観光案内所業務などの受託料をDMOの収益源とすることは自然なことであり，自治体からの援助と考えるべきではない。

4 ──── 2章のまとめ

　観光立国推進基本法以降，観光による地域活性化の根底に一貫して流れてい

る考えは，サスティナブル（持続可能）な観光で地域を持続的に発展させることである。

サスティナブルツーリズムは，観光開発による環境汚染や自然破壊の反省から提唱された経緯があるため「自然環境に配慮した観光」というイメージが強い。確かに観光において，自然環境に配慮することは非常に大切なことであるが，地域はサスティナブルツーリズムを広い意味で捉えておく必要がある。

サスティナブル（持続可能）な観光を本質的に理解するため，持続できなくなる場合を考えてみよう。観光客が来なくなる，観光資源が枯渇・変容してしまう，観光に従事する人や事業者のモチベーションが保てなくなる，後継者が確保できないなど，これらのいずれか1つでも発生すれば観光は持続できない。

言い換えれば，持続可能な観光には，観光客に来てもらえるよう顧客満足を考えること，観光資源を枯渇・変容させないよう地域の自然環境や文化などを守ること，観光に携わる人全てが安心して高いモチベーションをもって働ける環境や条件整備と，そのための収益確保，これら全てが必要である。

ところが，日本においてサスティナブルな観光への理解が十分にされているとは言い難い。

ニューツーリズムでは，「体験や交流はサスティナブルな観光を実現するための手段となる可能性が高い」という提言がされた。しかし「体験や交流」が表面的な理解により推進されたため，内容が均一化された体験パッケージツアーや，増収を狙って事業規模を拡大し，マスツーリズム以上に自然を破壊してしまうおそれのあるエコツーリズム，メディアでの露出終了と同時に客足が途絶えてしまうコンテンツツーリズムなど，サスティナブルとは言い難い体験・交流型の観光コンテンツが生みだされた。

着地型観光には「サスティナブルな観光による地域活性化の主役は地域である」という意図があり，それを実際に推進する主体の1つとしてDMOという登録制度がつくられた。しかし，着地型観光では，事業主体の不明確さや事業推進力の弱さ，マーケットの把握や顧客への対応スキルの不足，商品レベルのばらつきなどにより，マーケットの評価も十分ではなく，サスティナブルな観

光の主役とはなり得ていない。これらを解決すべく作られたDMOにおいても，人材と活動資金の確保の困難さが大きな課題として残された。

　地域の観光が担う業務は多岐にわたり，地域単独で対応していくことは容易ではない。周辺地域や都市部の事業者等との連携が必要になるが，その際に重要なことは全ての人々がサスティナブルな観光について共通の正しい認識を持つことである。

コラム1
Column サスティナブルだった江戸時代の講

　講の説明に入る前に，江戸時代以前の観光の状況について触れておこう。平安時代中期には，和歌山県から三重県にかかる熊野山への参拝である「熊野詣」の記録が存在する。地形的に険しい山間部であったが行き交う参拝者の数が多く，遠くからは蟻の行列のように見えるということで，「蟻の熊野詣」といわれた。室町時代には，険しい山道を行く荒行のような熊野詣よりも，平坦な道を行く伊勢神宮が好まれるようになり，信仰の中心は伊勢神宮へと移っていった。

　江戸時代，長い戦の時代が終り，街道や宿場などが整備されると，さらに多くの人が参詣に出掛けるようになった。関所は有ったが，お参りについては手形が簡単に発行された。そのため，伊勢参りは江戸時代になって益々盛んになった。富士山にも多くの参拝客が訪れた。古来，日本人は噴火を繰り返す富士山を神が宿る山として畏れ，信仰の対象とした。富士山に登ることを登拝と呼び，登山自体が，神社の参拝と同じ意味を持っていた。

　しかし参拝の実態は，純粋な信仰から，信仰を建前とした娯楽へと変化を見せてきた様である。江戸時代の旅の読み物「東海道中膝栗毛」に登場する弥次郎と喜多八は，道中遊んでばかりで真面目に参拝した様子は見られない。当時の川柳にも「伊勢参り，大神宮にもちょっと寄り」とある。大神宮とは伊勢神宮のことであり，川柳の意味は，「伊勢参りに行ったけど，伊勢神宮自体にはちょっと寄っただけ」である。

　さて，ここからが本題である。江戸時代には「伊勢講」と呼ばれるものが存在した。伊勢講とは，町内などで伊勢参りに行きたい人たちが集まってグループを作り，全員でお金を積み立てる。そのグループの中から毎年1～2名が「伊勢参り」に行くものである。講を考え出したのは，伊勢神宮を布教する御師といわれる人達であった。御師は伊勢神宮への参拝者を増やすために各地を回り，行く先々で講を作ることを薦めた。また，講には，団体割引も存在しており，日本最初の旅行業とも考えられている。

　「富士講」も存在していた。富士山の御師は，富士登拝のガイドを行う傍ら，宿や食事などの世話をする役割も担っていた。富士山の麓には御師の住宅が今でも残されており，世界遺産として登録されているものもある。

　その結果，江戸には非常に多くの講が存在することとなり，「江戸に八百八講」という言葉が残されている。

　講は，受け入れる側が主体になって作られたしくみであり，まさに現代の着地型観光である。受け入れる側は，「講」から毎年決まった人数が来るので計画的に準備ができ無駄が生じない。また「講」は，仲間全員が旅を終えるまで継続するため，将来にわたり安定的な集客が見込める。これから旅に出る人は，先に経験した仲間から最新情報等を入手することができ，安心して旅を楽しめる。観光地と観光客の双方にメリットのある持続可能な観光といえるものであった。

富士講を説明する碑

出所：著者撮影

—— 第3章 ——

旅行業から見た日本の観光

　日本の旅行業は明治時代に生まれ，鉄道や航空と共に発展した。第2次世界大戦後はマスツーリズムを牽引した。そして現在，インターネット普及をきっかけとした日本における IT 革命の中で大きな変化を求められている。

　第3章では，観光の歴史の中から，旅行業の役割，課題，観光地との関係などについて見ていくこととする。

年表
1872（明治 5）　最初の鉄道が新橋・横浜間に開通
1893（明治 26）　喜賓会（Welcome Society of Japan）設立
1894（明治 27）　日清戦争勃発
1905（明治 38）　南新助が高野山と伊勢へ日本初の団体旅行実施
1906（明治 39）　鉄道国有法成立
1912（明治 45）　ジャパン・ツーリスト・ビューロー設立
1945（昭和 20）　第二次世界大戦終戦
1951（昭和 26）　日本航空国内線就航
1955（昭和 30）　近畿日本ツーリスト設立
1964（昭和 39）　東京オリンピック開催，海外旅行自由化，東海道新幹線開通
1970（昭和 45）　大阪万博開催，ジャンボジェット機就航
1973（昭和 48）　オイルショック
1978（昭和 53）　成田空港開港
1980（昭和 55）　HIS 設立
1985（昭和 60）　航空法改正
1986（昭和 61）　バブル景気始まる，テンミリオン計画
1987（昭和 62）　国鉄民営化
1991（平成 3）　バブル経済崩壊，湾岸戦争

1 —— 観光と旅行業の歴史

（1）日本最初の旅行会社

明治時代の中頃になると，JTBや日本旅行の前身となる組織が生まれた。設立経緯や時代背景は次のようなものであった。

① 喜賓会とJTB

明治になり鎖国が解かれ，海外の要人が来訪するようになると，国は彼らへの接遇の必要に迫られることとなった。そして1893（明治26）年，訪日外国人接遇の組織として喜賓会（Welcome Society of Japan）が設立された。これは，日本を代表する実業家の1人であった渋沢栄一の働きかけによるものである。

喜賓会の役割は，訪日した要人を対象とした宿泊施設の設備改善，案内業者の管理や斡旋，観光施設見学の際の便宜の提供，訪日した要人と日本各界における重要人物との交流促進や紹介，コーディネート等などであった。また，ガイドブックやガイドマップの刊行等もおこなった。

図表3−1　喜賓会作成のガイドブック

出所：青羽古書店ホームページ

　1912（明治45）年に，さらなる外国人の誘致と便宜の提供に向け，鉄道院，ホテル，鉄道，船舶業の代表が発起人となり「ジャパン・ツーリスト・ビューロー」が設立され，同社に喜賓会の業務が継承された。このジャパン・ツーリスト・ビューローが現在のJTBの前身である。

　当初，同社の主な業務は，外国人への観光案内であり，収入源は，交通機関や旅館などの会員から徴収する会費であった。その後，経営安定化に向け，鉄道切符の代理販売を進めていくこととなった。

　1915（大正4）年，外国人向け鉄道切符の販売を始め，1925（大正14）年からは，日本人への販売も実施するようになった。さらにその後，船舶の乗船券やバス等の乗車券，旅館やホテルの宿泊券，寺社などの入場券の販売へと拡大していった。特に国鉄（現在のJR）の代理販売権については，第2次世界大戦終了時まで，ほぼ独占状態が続くこととなった。

　1963（昭和38）年，ジャパン・ツーリスト・ビューローは，（株）日本交通公社となり，2001（平成13）年よりジェイティービーに改称され，現在の正式社名は，（株）JTBである。

② 高野山と伊勢への参詣団の斡旋からはじまった日本旅行

　各地の寺社参詣を目的とした旅は江戸時代からおこなわれてきたが，明治になり鉄道が利用できるようになると一層盛んになってきた。

　1905（明治38）年，滋賀県の草津駅前で弁当屋を営んでいた南新助という人物が，高野山と伊勢への参詣のため，列車による100名規模の団体旅行を実施した。これが，日本最初の旅行斡旋業といわれている。ちなみに南新助は現在の日本旅行の創始者となる人物である。

　3年後の1908（明治41）年には，日本で初めて貸切列車を使った善光寺参詣団を組織し，900名を集めることに成功した。これは，江の島，東京，日光，善光寺を7日間かけて巡る旅であった。さらに，1921（大正10）年には，比叡山延暦寺開祖伝教大師1100年法要において，5万人規模の参拝団の斡旋をおこなった。

図表 3 － 2 　善光寺使節団

出所：日本旅行ホームページ

　同社は，第 2 次世界大戦中は事業を中止していたが，1949（昭和 24）年に（株）日本旅行会となり，再び観光事業に乗り出していった。そして，1968（昭和 43）年，（株）日本旅行となった。

コラム 2 Column　鉄道の歴史

　鉄道建設は必ずしも観光のためのものではなかったが，鉄道の発展が観光に大いに寄与することとなった。鉄道の発展の歴史と，大衆の観光に活用されていく経緯について見てみよう。

日本最初の鉄道

　1869（明治 2）年，東京と京都を結ぶ幹線と，東京〜横浜間，京都〜神戸間および琵琶湖畔〜敦賀までの 3 支線，計 4 路線の鉄道を建設する計画が決定した。そして 1872（明治 5）年，新橋〜横浜間に日本最初の鉄道が開通した。しかし，国内の混乱による国家財政上の問題等によってその後しばらく鉄道建設は停滞した。

私設鉄道の増加

1881（明治14）年，日本最初の私設鉄道である日本鉄道会社が設立された。これは，国の鉄道建設資金が不足し，民間資本による鉄道建設が模索されたことによる。国からは土地の収用，工事の代行，一定の利益配当の保証等の援助が与えられ，1891（明治24）年，上野～青森間が開通した。

この事業収益が当初の想定を上回ったことで，鉄道投資の有利性が認識され，明治20年代には私設鉄道ブームが訪れた。その結果，私設鉄道会社は1892（明治25）年までに全国各地に50近くを数えることとなり，官設鉄道の総延長キロを超えるまでに成長した。

鉄道の国有化

1894（明治27）年に日清戦争が始まったが，その数年前から軍事および産業発展のための輸送力増強にむけ，鉄道の国有化が主張されるようになっていた。それに応える形で，1892（明治25）年には鉄道敷設法が公布され，「鉄道は，経済発展の根幹であるから，その敷設は経済の好不況に左右されることなく国自らが計画的かつ責任をもって推進すべき」との考えが示された。さらに，日清戦争後の不況により営業不振に陥った私設鉄道が国へ買上を求めるようになった状況等を踏まえ，1906（明治39）年，鉄道国有法が成立し，その後，私鉄の買収が進められた。その結果，官設鉄道は全国の鉄道の総延長キロの9割以上を占めることとなった。官設鉄道は，1949（昭和24）年に独立採算制の公共企業体である日本国有鉄道（国鉄）となり，現在は分割民営化されJRとなっている。

観光への貢献

日本の鉄道発展の経緯の中で，最も重要視されていたのは軍事の強化や近代産業の発展であったが，鉄道網の発達は，観光に大いに貢献することとなった。

日本で初めて鉄道が開業された1872（明治5）年には，東京～横浜の間にある川崎駅近くの川崎大師の縁日の際，臨時列車が運転されていたという記録がある。

江戸時代，既に全国に街道と宿場町が整備され，参詣や湯治などの徒歩による旅が盛んにおこなわれていた。主にその街道に鉄道が敷かれ，宿場に駅が作られたのであるから，鉄道による参詣や湯治が始まったことは想像に難くない。さらに，成田鉄道（成田山新勝寺）や大師電気鉄道（川崎大師），高野鉄道（高野山金剛峰寺）のように参詣者の輸送を主目的として作られた鉄道路線も登場

した。

　関西では，私鉄の沿線の観光開発にいち早く力が注がれた。箕面有馬電気軌道（現在の阪急電鉄）が開発した宝塚温泉や，阪神電気鉄道（現在の阪神電鉄）による甲子園開発などがある。

コラム3 Column　修学旅行と新婚旅行

　日本の観光の発展に寄与したものに修学旅行と新婚旅行がある。いずれも明治時代に登場し，日本人の多くが経験する人生のイベントとなっている旅行である。

修学旅行

　修学旅行は，1886（明治19）年に東京師範学校が実施した千葉県銚子方面での「長途遠足」から始まったといわれている。

　「遠足」とは，兵士が隊列を組んで行進する「行軍訓練」を意味した。従って「長途遠足」とは，長期間にわたる行軍訓練という意味である。そして，この長途遠足が後に修学旅行と呼ばれるようになったのである。

　修学旅行は，徒歩での実施が基本であったが，徐々に鉄道が利用されるようになった。さらに，1901（明治34）年になると，修学旅行から行軍訓練の役割が取り除かれ，現在の修学旅行の形に近いものとなった。

　ここに至り，学校行事に軍事訓練的な内容を持たせることに抵抗を示していた学校も，修学旅行を受け入れはじめた。そして，ほぼ全国の学校で修学旅行が実施されるようになり，現在は正式な学校行事として位置づけられている。

　これは，世界的には非常に珍しいものである。近年，台湾や韓国・中国などの学校が「修学旅行」と称して日本に訪れることが多くなっているが，参加するのは希望した生徒だけであり，全ての生徒が参加することを前提とする日本の修学旅行は，日本独自の教育文化といえる。

　団体・同一行動・周遊型であった従来の形から，現在ではクラス行動や班別行動などのスタイルが一般化し，体験等を取り入れたものへの変化が進んでいる。

新婚旅行

　明治10年頃，欧米からもたらされたハネムーンという言葉が，小説や新聞雑誌などに登場するようになった。そして明治20年頃になると，ハネムーンの訳語として新婚旅行という言葉が使われはじめた。しかし，この言葉が登場した当時，実際に新婚旅行に行くことができたのは，限られた一部の上流階級の人たちだけであった。

　明治後期になると，新婚旅行を描く小説が多く登場した。日本で最初に新婚旅行に出かけたのは坂本竜馬であるともいわれているのは，坂本龍馬を題材とした小説に，結婚後すぐに夫婦で旅行をするシーンが描かれていたことによる。当時の人たちは，新婚旅行というものを，自らが行くというより，空想上のあこがれとして捉えていたようである。

　そして明治の終わりから大正時代以降，さらに経済が発展し人々が豊かになるにつれ，実際に新婚旅行へ出かける人が増加した。

　今のように気軽に旅行ができなかった時代，新婚旅行をきっかけに旅行の魅力に目覚めた人もいたであろう。また新婚旅行は結婚という1つの節目の記念の旅である。この経験から，人生の節目に旅行に出かけることが，習慣となった人もいたであろう。新婚旅行は修学旅行同様，その後の日本の観光の発展に大いに寄与することとなったのである。

（2）団体旅行の隆盛
～高度成長期～

　高度成長期は1955（昭和30）年から第一次オイルショックの1973（昭和48）年までの19年間を指す。この時期，日本の実質経済成長率の年平均は10％を超え，それに伴い観光が大衆に広がった。

① マスツーリズムの誕生

　第2次世界大戦で，壊滅状態となった日本経済であるが，終戦後，急激な復興を遂げた。

　観光においては，欧米からの観光団や海外在留邦人による母国訪問団などがいち早く来訪し，続いて修学旅行や新婚旅行が復活してきた。

　大きな被害を受けていた鉄道網は，急ピッチで整備されていき，特に日本国有鉄道（国鉄）は，日本経済の復興・成長を支えていくこととなった。1956（昭和31）年には東海道本線が全線電化され，1958（昭和33）年には，東京〜大阪・神戸間に日本初の電車を使用した特急列車こだまが運行を開始した。

　航空では，1951（昭和26）年には日本航空が国内線を就航させ，札幌，東京，大阪，福岡の4都市が結ばれた。

　これら交通網の整備が進むことで輸送力が大きく向上し，それに伴い，輸送コストの単価が低減した。さらに運輸機関による団体割引運賃の設定等により，従来よりも安価に旅行ができる環境が整ってきた。一方，経済成長に伴い国民所得が年々増加し，生活が豊かになったことで，支出を余暇に充てる余裕も出てきた。その結果，それまで富裕層に限られていた旅行が一気に大衆にまで広がることとなった。日本におけるマスツーリズムの誕生である。

　当時の旅行形態は，職場や町内会などの仲間で出かける団体旅行が主流であり，行程の相談，宿泊や交通機関の手配は旅行会社に任せることが一般的であった。そのため日本では，マスツーリズムと団体旅行は同義語という認識がされている。

② 東京オリンピックと大阪万博が起爆剤に

　1964（昭和39）年の東京オリンピックと，1970（昭和45）年の大阪万博が国内の観光に活気を与えることとなった。

　東京オリンピックに合わせ，首都圏を中心に，数々のインフラが整備された。経済成長に伴う交通渋滞への対応として，1962（昭和37）年に首都高速の京橋〜芝浦間が開通，その後，首都高速1号・4号・2号および3号線の一部の計31km が開通した。オリンピック開催の直前になって東海道新幹線が開通し，東京〜大阪間が結ばれた。オリンピック観戦のため日本全国や海外から来訪する観光客を目当てに，ホテルは建設ラッシュとなった。

　また1958（昭和33）年に電波塔として東京タワーが竣工し，東京オリンピックを機に，テレビが一般家庭に爆発的に普及した。それにより，今までは紙上

図表3−3　大阪万博のシンボル太陽の塔

出所：太陽の塔オフィシャルサイト

でしか見ることができなかった観光地の情報を，映像で見ることができるようになり，視聴者の旅ごころを大いに刺激することにもなったのである。

　これらの，東京オリンピックにむけたインフラの整備がその後の国内の観光の発展に寄与することとなり，1966（昭和41）年に，約5,000万人であった宿泊を伴う国内観光旅行者数が，1969（昭和44）年には7,500万人と増加した。

　1970（昭和45）年に開催された大阪万博では，アメリカ館の月の石の展示をはじめとする77カ国のパビリオンが注目を集め，日本中を巻き込んだ大移動となり，同年には宿泊を伴う国内観光旅行者数は1億人を突破した。

③　次々と設立された旅行会社

　大衆へと広がった旅行需要の高まりに応えるように，次々と旅行会社が設立された。

　1955（昭和30）年の近畿日本ツーリストに続き，1956（昭和31）年に東急観光，1960（昭和35）年に阪急国際交通社（現在の阪急交通社），1962（昭和37）年に読売旅行会（現在の読売旅行）が設立されるなど，現在大手といわれる旅行会社の

多くが出揃うこととなった。

　なお各社の母体となる業種や，設立にあたっての経緯の違いが，各社の強み
や事業形態にも影響を与えている。例えば近畿日本ツーリストは，修学旅行団
体の獲得を主力事業としていた日本ツーリスト（株）を吸収して発足した経緯
があり，団体旅行の取り扱いに強みを持っていた。また読売旅行会は，読売新
聞の読者サービス機能を担って設立された経緯から，新聞広告や会員組織を活
用した旅行販売に強みがあった。阪急国際交通社は，海外の貨物を扱っていた
関係から，海外の業務渡航に強みがあった。

（3）マーケットの個人化傾向
〜第1次オイルショック以降〜

　1973（昭和48）年の後半，突然の石油価格高騰のあおりを受け，順調に成長
を続けた日本経済は冷水を浴びることとなった。オイルショックである。これ
により，国民の給与所得や可処分所得が減少したが，日本は欧米などと比べ，
比較的早い時期に立ち直る。観光への影響も限定的で，早期に回復し再び増加
を始める。しかし，その中身は高度成長期のものとはやや異なっていた。

① パッケージツアーの誕生

　1970年頃からモータリゼーションが本格化し，瞬く間に一般家庭に普及し
た。マイカーの普及は，鉄道と旅行会社により推進されてきた国内観光の形を
変える要因となった。個人や家族，小グループ単位の旅行が容易になり，これ
らは，観光客にとっては好ましいものとして受け入れられていったのである。

　旅行会社にとって，マイカーブームをきっかけとしたマーケットの個人化は
有難いものではなかった。団体と異なり単価が低く，手間を掛けて小単位の旅
行の企画や手配をおこなうことは採算が合わないからである。

　さらに，従来は宿泊しなければ行くことができなかった場所への日帰り旅行
も増加した。これらは，宿泊や交通機関の予約業務を中心とした旅行会社のビ
ジネスモデルには適応しにくいものであり，旅行会社は個人化への対応に苦慮

することとなった。

　個人化するマーケットに対し，少しでも手間を減らし利益を確保するため，団体のバラ売りといわれる手法がとられた。個人の希望に合わせて日程を組み個別に手配するのではなく，団体として安価に仕入れた宿泊や交通機関などを組み合わせた旅行商品を個人にむけて販売した。いわゆるパッケージツアーの誕生である。

　しかしこの時期，個人化が進んできたとはいえ，マーケット全体は拡大し団体旅行需要も維持されていた。そのため，個人化への対応よりも経営資源を団体旅行業務に集中させていく旅行会社も存在した。

②　個人化への対応が遅れた観光地

　マーケットの個人化に対し，観光地の対応は必ずしも敏感ではなかった。1980年代においても，多くの宿泊施設は団体旅行を受け入れるべく，増室や，宴会場や大浴場の充実化などの大規模投資がおこなわれていた。個人よりも団体の方が効率よく収益を上げることができるからである。

　また，館内に土産コーナーや遊技場，バーやスナック等の設備を充実させ，宿泊客を館内に囲い込むこともおこなわれていた。観光客をできるだけ長期間館内に留めることで，消費額の最大化を図ったのである。これらの対応が，滞在時間が短い団体客には好ましいものとして受け入れられていたからである。

　また，同時期，公的資金の投入による観光施設の建設も盛んにおこなわれた。これらは一般的に「ハコモノ」と呼ばれた。ハコモノは特定の観光事業者によって運営されることが多く，都市部の大手旅行会社がそれらの事業者と関係を密にし，集中的に送客するという仕組みがつくられていた。

③　旅行会社のビジネスモデルと観光地との関係

　旅行会社が，観光地の宿泊等の予約および決済機能を担うことで観光地とのかかわりは深まっていった。観光客は宿泊施設や観光施設の予約や支払いを旅行会社経由でおこない，その証拠となるクーポンを現地に持っていく。宿泊施

設や観光施設は受け取ったクーポンを金融機関に持ち込み，手数料を引いた現金を受け取る。この予約・決済のしくみが確立された。これは双方にメリットがあった。

　宿泊施設や観光施設からすれば，電話で予約を受けただけでは，本当に来てくれるのかの不安がある。せっかく受け入れの準備をしたにもかかわらず，お客が現れず支払いも受けられないということになると大きな損失となる。観光客にとっても，予約・支払い済のクーポンがあれば確実にサービスが受けられ，万一トラブルがあっても申し込んだ旅行会社が対応してくれるという安心感があった。

　パッケージツアーの場合は，企画の段階で旅行会社が事前に宿泊施設や観光施設を選択する。旅行会社は選ぶ側，宿泊施設や観光施設は選ばれる側であり，両者の関係は，理論上，旅行会社が優位な立場となる。

　しかし，高度成長期は，国内観光客数は順調に増加しており，多くの観光地は，恒常的に供給より需要が上回る状況にあった。そのため，旅行会社は集客し観光地に観光客を送り込むことに専念し，観光地はそれを受け入れ観光客を迎えることに専念するという分業体制が効率的であった。つまり，お互いWIN・WINの関係にあったといえる。

（4）団体旅行の激減
～バブル経済崩壊後～

　バブル景気とは，資産価格の上昇などによる好景気，およびそれに付随する社会現象を指し，1986（昭和61）年12月からはじまったとされている。しかし，1989年の公定歩合の段階的引き下げなどの金融政策転換による株価の下落と，1990年の不動産融資への制限による地価の下落等により，1991年に終焉を迎えた。バブル崩壊後は長期にわたり日本経済が低迷することとなった。

① 国内旅行の停滞

　国内旅行は，バブル崩壊を境に勢いを失った。国内宿泊旅行者数の増加がみ

図表3－4　国内旅行延べ宿泊数の推移

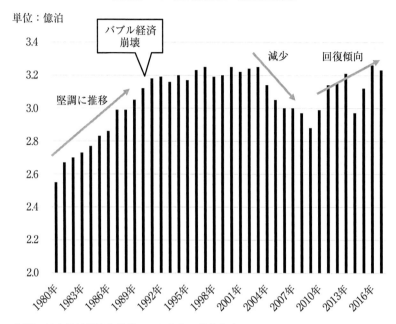

出所：日本旅行業協会統計データを基に著者作成

られなくなり，消費単価は年々下落した。

　特に，団体旅行の減少が顕著であった。バブル崩壊により企業等の体力が著しく低下し，職場単位での慰安旅行や，報奨旅行など団体旅行の継続は厳しい環境下に置かれたからである。

　また，同じ1990年頃から出生率の低下による少子化の時代がはじまり，修学旅行も少子化による規模の縮小がみられるようになった。

② 旅行会社の海外旅行シフト

　国内旅行が停滞する一方で，海外旅行はバブル崩壊後も順調な推移をみせていた。その要因は，航空運賃の大幅な値下げによる海外旅行の急激な低価格化と，円高による海外での支出の割安感である（詳細は次項参照）。

　そのため国内旅行の価格との逆転現象が見られるようになり，2泊3日の国内旅行よりも，グアム・サイパンのパッケージツアーの方が安いということも珍しくはなくなった。相対的に国内旅行自体の魅力が低下したことも国内旅行が停滞した理由の1つであった。

　これらの状況に対応し，取り扱いの主力を国内旅行から海外旅行にシフトする旅行会社が多くみられるようになった。

③　苦境に陥った観光地

　観光地では，団体客むけのバブル崩壊以前の投資が裏目に出る事態が生じた。宿泊施設の宴会場や大浴場はニーズに合わないものとなり，投資の回収が進まないばかりか維持コストも掛かる。団体旅行では1部屋に5名程度の宿泊が想定できたが，個人旅行では2名程度となることが多い。そのため客室の定員稼働率も上がらず経営が圧迫されていくこととなった。

　館内への囲い込みも，個人客は抵抗を感じるようになった。その中で，先駆的に個人マーケットに対処した湯布院や黒川温泉，小野川温泉など「街歩きの出来る観光地」や「湯めぐり」のできる温泉には人気が集まった。マーケットの嗜好は，囲い込みとは逆の方向に向かったのである。

　この状況を打破するには，従来の宴会場から個人客向けの食事処に変える，囲い込みをやめて観光地全体で連携する等の対策が有効である。しかし，多くの宿泊施設は多額の投資を実施した後であり，投資資金の回収は長期にわたる。加えて宿泊人数が計画を下回る状況では，軌道修正は容易ではなかった。

　公的資金によるハコモノ投資も，建設直後は珍しさもあり集客力を持ったが，時間が経つと徐々に飽きられてしまう。その一方で施設の維持には継続的に相当なコストがかかり，多くのハコモノは，採算を維持できない「お荷物施設」となった。そのため，ハコモノは地域経済の大きな負担となった。

④　悪化しはじめた旅行会社と観光地の関係

　団体旅行が減少し，個人需要も十分に捕捉できなかったため，旅行会社は今

までのように集客できなくなってきた。

　例えば，宿泊予約においては次のような状況があった。宿泊施設の客室を「仕入」と称し，1年前から旅行会社の「販売在庫」として提供を受けている。しかし，繁忙期を除けば在庫室数の1〜2割程度しか販売できないことも多かった。旅行会社が販売できなかった客室は，2，3週間前に宿泊施設に「返室」されるが，旅行会社は「返室」に対してペナルティーを受けることはない。旅行会社から「返室」された時点では，既に宿泊施設が客室を再販売することが難しく販売効率が上がらない。

　また旅行会社の経営も厳しくなり，利益確保のため高い集客手数料を得られる施設を優先販売する動きも見られるようになる。

　そもそも，旅行会社は，主に営業所の所在地周辺在住の顧客が地域外へ行く発地型の旅行を企画・販売してきたため，着地の観光振興・観光客誘致に関して，地元の行政や観光協会・個々のサプライヤーと積極的に関わってきていないという状況があった。

　上記のような状況になったことで，観光地からは旅行会社に対して不満の声が上がるようになり，高度成長期にみられた旅行会社と観光地のWIN・WINの関係は，徐々に崩れ始めたのである。

（5）海外旅行の状況

　ここで，海外旅行の状況について見ていくこととする。

① 海外旅行自由化

　高度成長期真っ只中の1964（昭和39）年に実施された海外旅行自由化により，一般の人も海外旅行を楽しめるようになった。自由化以前は，政府が海外旅行の目的を精査し，不要不急の渡航には許可が下りなかった。自由化により人々は，海外旅行を身近に感じることができるようになったのである。

　自由化されたとはいえ，航空券や海外での交通・宿泊の手配を旅行者自らがおこなうのは難しく，その需要を狙って海外旅行のパッケージツアーが作られ

た。海外旅行のパッケージツアーは，国内旅行のパッケージツアーより早く登場している。もちろん当初のツアー料金は高額であり，誰もが行けるというものではなかった。

② ジャンボジェット機の就航と海外旅行の低価格化

1970 年になると，ボーイング B747 型機（ジャンボジェット機）が就航した。ジャンボジェット機は，350 ～ 450 席を有し，従来の機材の 3 倍近い乗客の搭乗が可能であった。ジャンボジェット機の登場により航空座席の供給量が大幅に増加し，そのことが，高額な海外旅行代金の引き下げにつながった。これは「バルク運賃」といわれる団体割引によるものである。バルク運賃は原則として最低 40 人単位でパッケージされたツアーを対象としており，個人の普通航空運賃の半額以下という大幅な割引価格が設定された。そのため，宿泊や食事・観光までセットされたパッケージツアー料金が，正規の航空運賃よりもはるかに廉価であるという現象が生まれた。これにより海外旅行市場は一気に拡大し，海外旅行者数は 1969 年（ジャンボジェット機就航前）の 49 万人から，4 年後の 1973 年（オイルショックの年）には 229 万人と急激に増加した。そして成田空港開港の 1978（昭和 53）年には 350 万人を超えたのである。

③ HIS の設立

1980（昭和 55）年，海外格安航空券の販売を武器とした HIS が設立された。当時，海外旅行パッケージ商品の低価格化が進んではいたが，同社は海外の航空券のみを当時の常識を覆す価格設定で販売し，旅行業界に旋風を巻き起こした。その後も航空業界への参入を試みるなど，大きな話題を振りまいた。なお，1989 年からは，航空券だけにとどまらずパッケージツアーを手掛けるなど，総合旅行会社としての道を歩んでいる。

④ テンミリオン計画

1980 年代半ば，日本は輸出による貿易黒字が大きく，世界から非難の的と

なっていた。その黒字を少しでも減らすため，国民が海外旅行で消費することが推奨された。

　そして1987（昭和62）年になると，テンミリオン計画が発表された。同計画では，発表前年の1986（昭和61）年に約550万人であった海外旅行者数を5年で1,000万人にまで増やすことが目標とされた。

　景気高揚による個人所得の増加や，円高による海外消費の割安感により，当時OLと呼ばれた働く女性層を中心に海外旅行者数は順調に増加していった。ハワイ・ホノルルのカラカウア通りなどは日本人で溢れかえり，テンミリオン計画は1年前倒しとなる4年で達成された。

　そして前述のとおり，バブル崩壊後も海外旅行は比較的堅調な推移をみせた。海外旅行自由化以降，毎年2桁の増加を見せていた海外渡航者数は，1991（平成3）年，バブル崩壊と同時に勃発した湾岸戦争の影響で一時的には自粛

図表3－5　海外旅行者数の推移

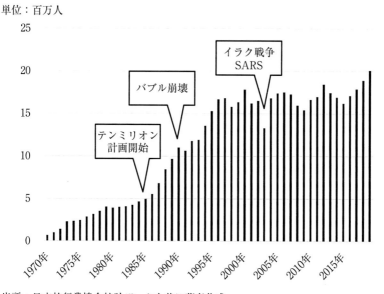

出所：日本旅行業協会統計データを基に著者作成

ムードとなったものの，さらなる円高による割安感などに後押しされ，1996
年まで高い伸率で推移した。

　その後，イラク戦争と SARS のあった 2003 年を除き，海外旅行者数は漸増
傾向が続いた。(図表 3 - 5)。

2 ── インターネット時代の旅行業界

　1990 年代後半以降，インターネットの商業化をきっかけに日本における IT
革命が加速し，旅行業界に大きな影響を及ぼすこととなった。従来の旅行会社
は，それまでのビジネスモデルの変更を余儀なくされる一方，他業種から旅行
業への参入が相次いだ。

(1) オンライントラベルエージェント (OTA)
① OTA の台頭

　インターネットの普及に伴い OTA (Online Travel Agent) が登場した。OTA
とは，インターネットのサイト上に，情報提供・予約・決済が完結できるしく
みを持った旅行会社のことである。

　1996 年，機械・造船会社である日立造船の子会社の日立造船コンピュータ
が，インターネットを用いたホテル予約サイト「ホテルの窓口」を立ち上げた
のがはじまりである。その後サイト名は「旅の窓口」に変更され，日立造船コ
ンピュータから独立したマイトリップ・ネットがサイトを運営した。利用者は
順調に増え，当時国内宿泊予約サイトとしてはトップのシェアを誇っていた。

　一方，2001 年，楽天グループにより「楽天トラベル」が開設された。同サ
イトは，国内宿泊予約のみならず海外旅行分野まで含めたものであったが，国
内宿泊予約機能については「旅の窓口」の後塵を拝していた。そこで，2003
年「楽天トラベル」はマイトリップ・ネットの株式を取得し「旅の窓口」を統
合，その後もツアーバス企画販売を手掛けるスター・ツアーズ・ジャパンの買
収などにより機能強化をはかり急成長していった。

　現在では多くの企業がOTA事業に参入し，各々特徴を持たせた運営を行っている。例えば，リクルートグループが運営する「じゃらんnet」は，国内のOTAとしては最大規模を誇り，2020年度の閲覧者数ランキングでは1位となっている。一休.comは，ラグジュアリーホテルや高級旅館に特化した展開で人気を博している。

　海外には，日本国内をはるかに上回る数のOTAサイトが存在し，日本国内からも気軽に利用できるものがある。シンガポールの「BEX Travel Asia Pte Ltd」が運営するエクスペディア（Expedia）や，オランダの「Booking.com B.V.」が運営するBooking.comは，40カ国以上の言語に対応しており日本人の利用者も多い。その他，アメリカのHotels.com，シンガポールのAgoda，香港のTrip.comも日本でよく使われている。

②　OTAのしくみ

　OTAでは，サイト管理者が事業者との間にサプライヤー契約を締結し旅行商品の仕入をおこなったうえで，自社商品として消費者に販売している（図表3 - 6）。

　このしくみは，従来旅行会社がおこなっていた業務をOTAがインターネット上でおこなっているものであり，旅行業そのものの形であるといえる。

　そのため，OTAには旅行業登録が求められ，消費者に提供する旅行商品に責任を負う義務が生じる。

　なお，インターネットでの旅行商品販売においては，「場貸しモデル」といわれるものも存在する。これは，宿泊施設などの事業者がインターネット上のサイトを利用して情報を掲載し，消費者はサイト上の情報を利用するが，実際の申し込みや支払いは事業者と消費者の間で直接おこなわれる。契約関係は事業者と消費者の間にのみ成立し，サイトの運営管理者は，インターネット上の場所を貸しているだけなので「場貸しモデル」といわれる（図表3 - 7）。

　この場合サイト運営自体は旅行業にはあたらないため旅行業登録は不要である。また，事業者と消費者の間でトラブルが生じた場合，サイトの運営管理者

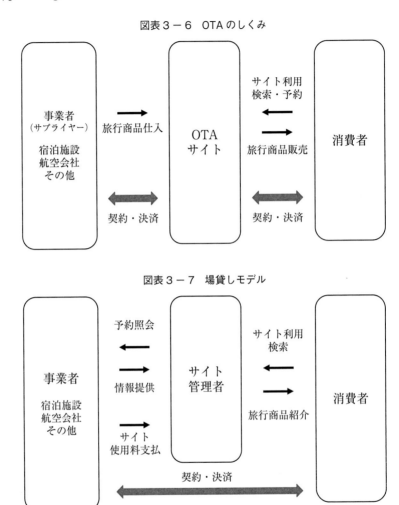

図表３－６　OTAのしくみ

図表３－７　場貸しモデル

の責任は原則として問われない。

　そのため「場貸しモデル」は，消費者保護の観点から問題があるとの指摘を
受けることもあり，一般的にOTA（オンライントラベルエージェント）とは呼ば
れない。

③　OTA の優位性

　OTA は登場以降急成長し，個人マーケットを中心に既存の旅行会社のシェアを奪っていった。その理由は，ユーザー，OTA 事業者，サプライヤー各々に大きなメリットが存在したことにあった。

・ユーザーのメリット

　ユーザーにとっての OTA のメリットは，最新の情報に簡単にアクセスできることである。インターネット上の情報は随時更新されるため，最新の空室・空席状況や料金の情報を簡単に得ることができた。

　また，決済の利便性も見逃せない。当初は，インターネット上での決済方法が確立されていなかったが，セキュリティ上の課題が解決されるにつれ，安全かつ確実なクレジットカード決済が可能になった。

　また，多くのオンライン予約サイトは，利用者が自らの利用体験に基づく評価を書き込むことが可能であり，利用者の書き込みに対するサプライヤーの反応や対応が閲覧できる。ユーザーは，これらを，商品選択における重要な判断材料としており，従来の旅行会社スタッフによる推薦やアドバイス以上に説得力のある情報として受け入れている。

　このように，わざわざ旅行店舗へ足を運ばなくても，最新の情報やユーザーの体験情報を入手でき，予約・決済まで自宅に居ながら完結できる利便性はユーザーにとって大きな魅力となった。

・OTA 事業者のメリット

　OTA 事業者にとっては，事業運営コストが低いことが最大のメリットである。サイトの管理コストは必要であるものの，店舗維持のための施設費は不要であり，多くの業務プロセスをシステムに任せるため，人件費の大幅な節減が期待できる。トータルのコストは，店舗での影響と比べ大きく低減できる。そのため OTA の利益率は従来の旅行会社に比べ高いことが一般的である。

・サプライヤー（宿泊施設）のメリット

　サプライヤーのメリットも大きかった。ここでは，サプライヤーを宿泊施設に限定して説明する。

　OTA事業者は，高い利益率を背景に，宿泊施設から収受する販売手数料を，従来の旅行会社よりも低く設定した。これは，宿泊施設にとっての大きな魅力となった。

　また，OTAのオンライン予約サイトでは，宿泊施設が自社のパソコン等の端末を利用して，提供客室数を自由に調整したり，販売価格を変更したりすることができる。

　OTAの利用によって，宿泊施設は，販売状況に応じた臨機応変な対応が可能となり，販売効率を高めることができることも大きなメリットとなったのである。

（2）その他のオンライン販売システム

　OTA以外にも，オンラインを使った販売システムが考え出され，活用される様になってきた。

① メタサーチ

　OTAと似たものにメタサーチサイト（メタサーチエンジン）がある。これは，複数のOTAを横断検索できるインターネット上のサービスであり，トリップアドバイザーやトリバゴが知られている。ちなみに，トリバゴは数ステップの操作で，何百もの予約サイトの中から世界の約100万軒を超える宿泊施設の料金を比較することができる。

② 現地で行動中の情報収集や手配

　アソビューは日本最大級のレジャー・遊び・体験予約サイトを運営している。全国約7,500店舗の事業者と提携し，国内の遊び・体験プログラムを約450ジャンル・約20,000プラン紹介している。「パラグライダー」や「ラフテ

ィング」など地の利を活かしたアウトドアレジャー,「陶芸体験」や「そば打ち体験」など地域に根ざす文化を活かした魅力的な体験などを幅広くカバーしている。

　ベルトラは,14,000 種類以上の海外オプショナルツアーを予約できる現地ツアー専門サイトを運営する。観光ツアー,世界遺産観光,マリンスポーツ,ダイビング,ゴルフ,スパ・エステ,ディナークルーズ,ショーエンターテインメントなど,現地で参加できるものを幅広く取り扱っている。なお国内旅行についても,沖縄や屋久島などの取り扱いが始められた。

（3）サプライヤーの直販化

　当然のことながら,サプライヤーの直販化も進んでいる。インターネット上にオンライン販売サイトを作れば,自社商品の予約や販売を OTA に頼る必要はないからである。

　特に,航空会社や鉄道など運輸機関の直販化が顕著であった。運輸機関の直販サイトでは,サイトでの予約やチケット購入者に限定した割引や事前座席指定などのメリットが付与された。航空会社は,マイレージサービスなど,FFP（Frequent Flyer Program）を利用した顧客管理の囲い込みに力を入れている。

　新幹線なども,インターネットでのクレジットカード決済,スマートフォンでの簡単予約,チケットレスはもちろん手元で何度でも予約変更ができるという利便性により,ビジネスパーソンを中心に一気に利用が拡大した。

　直販化により,顧客の購買データ収集は容易になり,会員化や付随サービスの提供など運輸機関と顧客間の直接的な関係が強化された。そして,運輸機関の直販率は年々高まることとなった。

　宿泊施設においても直販化の動きがみられる。特にチェーン展開するビジネスホテルなどは,直販率が高い傾向がある。

　しかし,多くの宿泊施設では,直販の比率は必ずしも高くない。消費者は予約・決済の手段を選択する際,信頼性,利便性,経済性を重視する。宿泊施設独自のサイトから予約する場合,施設ごとにサイトの形式や遷移方法が異なり

図表 3 - 8　多様化する集客ルート

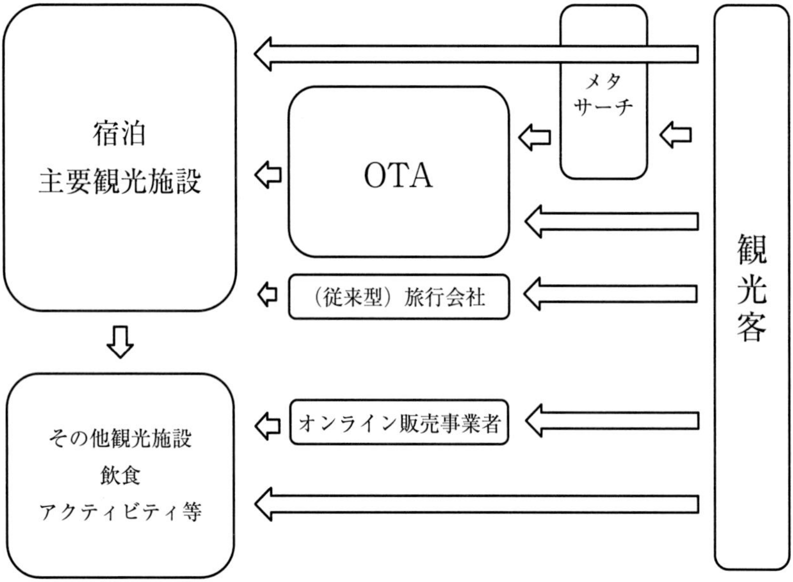

不便を感じることがある。また，あまり名前の知られていない施設のサイトで
は，決済に抵抗を感じることもあるだろう。それらの理由により，現在は宿泊
施設の直販は，期待したようには増えておらず，OTA 経由での予約がメイン
となっている。

　宿泊以外の観光施設も，大規模かつ著名な施設では直販化の動きが見られる
ものの，未だ普及したとは言い難い。しかし，地域から見た場合の集客ルート
はインターネット普及前に比べ，飛躍的に増加した（図表 3 - 8）。

（4）既存旅行会社に生じた課題

①　自社店舗営業とのバッティング

　既存の旅行会社は，オンライン販売の流れに立ち遅れた。特に大手旅行会社
は，旅行店舗を全国に配置しており，オンライン販売が自社の店舗での利益を
損ねる危惧があったためである。

　しかし，インターネットの発達による旅行流通の急激な変化には逆らえず，先行するOTA専門事業者から少し遅れて，旅行商品のオンライン販売を開始した。しかし先行したOTA専門事業者との差はなかなか詰められずにいる。

　また，既存の旅行会社にとって，店舗販売とオンライン販売におけるターゲットの棲み分けなど，最適なバランスにより販売効率を上げていくことが経営の課題となった。

②　代売機能の低下

　宿泊施設の予約の多くがOTA専門事業者へ流れ，運輸機関の直販が進んだことは，「代売機能」が安定的な収益源であった既存の旅行会社にとって，大きな痛手となった。さらに旅行会社経由の予約に対して運輸機関が支払う手数料も引き下げられる傾向にある。旅行会社に頼らなくても，集客や販売が可能になったのであるから当然の流れといえる。こうして既存の旅行会社の「代売機能」は大きく低下することとなった。

③　希薄化した地域との関係

　旅行会社が，経営悪化により業務効率化を余儀なくされ，仕入機能を大都市拠点に集中化させたことにより，観光地と旅行会社との接点が減少し，関係性が希薄になった。そして，サプライヤーと旅行会社間の相互の情報交換が減り，マーケットニーズが観光地に届きにくい，また観光地の事情が消費者に伝わりにくいといった悪循環が生まれた。旅行会社の地域への接触機会の減少により，旅行会社と地域との関係が薄れていったのである。

④　情報優位性の喪失

　旅行会社の強みであった情報優位性も失われ始めた。インターネットを通じ，誰もが平等に最新かつ詳細な旅行・観光情報を入手できるようになる一方で，旅行会社が独自に所有する情報は，従来から大きな変化はなかった。

　観光情報は一般的なものにとどまっており，施設情報は契約内容や料金に関

するもの以外は目新しいものは見られなかった。そのため，消費者のほうが，観光地の詳しい情報を持つケースが珍しくなくなった。

　これに対し，旅行会社は，旅行・観光の知識・情報に関する検定試験などを導入しスタッフの専門性の向上を図っている。しかし多くの旅行会社では，コスト抑制の観点から販売担当者の非正規化が進み，旅行業経験年数の浅い者も多く，期待どおりの成果がなかなか出せないケースも発生している。

　消費者に対する「旅行・観光情報の優位性」という付加価値を，旅行会社が提供できなくなってきたのである。

3 ── 変化する旅行業界

（1）多様化する旅行会社の業態

　旅行会社は，誕生の経緯や，その後の事業展開により，いくつかの業態に分化してきたが，インターネット普及後は分化がさらに進んだ。JATA（日本旅行業協会）では，個人マーケットを対象とした旅行会社を業態別に次のように区分している（図表3−9）。

　総合旅行系は，全ての旅行商品を，あらゆる販売チャネルで販売する業態である。実質的には法人マーケットでの団体旅行が収益の柱になっていることが多い。JTB，日本旅行，近畿日本ツーリストに代表される。

　商品造成自社販売系は，自社で旅行商品を造成し，基本的には自社のチャネルで販売する業態である。やや特殊な分野に特化した旅行を専門に扱う会社にみられる形態である。

　メディア・通信販売系は，主として，新聞広告や組織会員を通じて自社商品を販売する業態である。読売旅行は，読売新聞社の読者サービスとして設立され，メディア・通信販売系旅行会社としてスタートした。

　インターネット販売系は，OTAを指している。前述のとおり急成長してきている業態である。

　リテーラーは，他社の旅行商品を店舗で販売する業態である。

図表3－9　旅行会社の種類（業態別）

分類	内容
総合旅行系	広範な地域に販売ネットワークを有し，すべての旅行商品を造成，様々なチャネルで販売
商品造成自社販売系	旅行商品を造成し，基本的には自社のチャネルで販売（50％以上）
メディア・通信販売系	主として，新聞広告や組織会員を通じて自社商品を販売
インターネット販売系	国内旅行宿泊や海外旅行素材を中心に，半分以上を自社サイトにて販売
リテーラー	他社の企画商品を販売，団体旅行や個人の手配旅行を取り扱う
業務性旅行特化系	インハウス等，業務性旅行に特化

出所：日本旅行業協会より

　業務性旅行特化系は，企業の出張等における交通や宿泊の手配に特化した旅行会社である。企業の中には，自らの組織内にそれらの業務を担う旅行会社を持つ場合があり，それをインハウス・エージェントと呼ぶ。出張旅費等を会社内部に還流させるため1980年代に多く作られたが，現在では業務性旅行のノウハウに秀でた専門の旅行会社にアウトソーシングすることが主流となってきた。

　これ以外に，パッケージ商品を造成し，旅行会社に卸すことを基本としているホールセラーがある。

　ちなみに，インターネット販売系に大きくシェアを奪われた業態は，リテーラーと総合旅行系の店舗部門である。メディア・通信販売系は，従来の不特定多数にむけた通販から，会員組織化による囲い込みなどで，インターネット販売に対抗してきた。

　しかし現状では，各社が生き残りをかけ様々な業態への進出を図ったため，これまでのような業態区分がなくなりつつある。

　総合旅行系旅行会社は，インターネット販売を強化しはじめ，店舗では他社

の旅行商品の販売が珍しくなくなった。商品造成自社販売系の旅行会社も自社チャネルでの販売にこだわらなくなり，ホールセラーも顧客への直販にシフトしてきている。インターネット販売系の旅行会社は，コンサルティング業務への進出など新たな展開を図っている。

（2）代売に代わる収益源を求める旅行会社

　総合旅行系旅行会社は，バブル崩壊による団体旅行減少の影響を最も強く受け，店舗部門の販売シェアは OTA に奪われた。

　それに代わる収益源を求め，様々な取り組みが進められている。

①　コンサルティング機能の強化と MICE への期待

　団体旅行に代わる新たなビジネスとして大いに期待されているものが MICE である。MICE とは，企業等の会議（Meeting），企業等の行う報奨・研修旅行（インセンティブ旅行）（Incentive Travel），国際機関・団体，学会等が行う国際会議（Convention），展示会・見本市，イベント（Exhibition／Event）の頭文字を使った造語で，これらのビジネスやイベントの総称である。

　MICE の特長として，経済波及効果が大きいことが挙げられる。学会の国際会議を例にとって考えてみよう。大きな国際会議ともなれば数年前から準備が始まり，開催までに何度となく関係者が往来する。本番期間においても会議終了後のミニトリップや，同伴した同行者のためのプログラムが用意される。また，参加者は一般的に知的好奇心が強く時間を見つけて周辺の観光に出歩く傾向がある。彼らは，自分たちのコミュニティーの中で影響力を持っているケースが多く，彼らを満足させることができれば，インフルエンサーとなって地域に有利な情報を発信してくれる可能性は高い。これらのすべては，開催される地域にとっても大きなチャンスとなる。

　旅行会社にとって，MICE への取り組みは，従来の団体旅行と異なる点があった。旅行会社の役割は，企業が旅行の実施を決めた後，企業からの依頼を受けて始まることが一般的であった。しかし MICE の場合，企業に対して

MICE を実施することの意義や効果，その必要性などの提言からはじめるケースが増えてきている。国際会議では，会議場施設などと連携し誘致の段階から関わることも多い。実施に当たっても，旅行会社は指示を受けて業務をこなすのではなく，様々な提案を交えながら，コンサルティングの役割を担うことが定着してきた。これらは従来，広告代理店などが担っていた分野ともいえる。そのため，近年は旅行業の領域で，広告代理店と旅行会社が競合するようなケースが増加してきている。

②　旅行周辺事業への進出

　大手旅行会社の多くは，旅行業の周辺事業分野へ踏み出している。例えばJTB は近年，自らを旅行業ではなく，交流文化産業と標榜している。これは従来の旅行業の枠組みを超えて事業活動を実施していくという宣言である。人と人，人とモノが交流すれば，必ずその中にビジネスが生まれるが，ビジネスを旅行業に限定する必要はない。物販，物流，広告，出版，コンサルティング等の様々なビジネスが発生する。その中で，旅行業の歴史で培ったノウハウや知見を活用し，新しい価値を創出することを目指すというものである。JTBグループ内には，既に物販や物流，広告，出版，コンサルティング等を担う会社が存在しており，それらのグループ会社と旅行業の連携のしくみも確立しつつある。

③　旅行会社による観光地支援の動き

　一部の旅行会社には，地域と共同で新しい観光地や観光資源開発への取り組みが見られるようになった。例えば，山形県の小野川温泉や徳島県の祖谷温泉などが挙げられる。

　小野川温泉での取り組みは以下のようなものである。小野川温泉ではバブル経済の崩壊後，観光客の減少に危機感を抱いていた 2001（平成 13）年，「JTB & JR 東日本若手勉強会」の観光地開発のオファーを受け，小野川温泉河鹿荘の佐藤氏を委員長とする旅館・商店などの若手経営者らによる委員会が発足し

た。委員会の合言葉は「地域を売り込むにはまず自分たちが地域をよく知ること，そしてお金をかけるだけでなく，『知恵』を絞った町づくりを」であった。そして，「旅館からお客様を外に出すこと」「町全体でホスピタリティーアップに努め，それを感じてもらうこと」をコンセプトに，浴衣と下駄で自由に複数の風呂めぐりをする「夢ぐりプラン」，木製のベンチと野立ての傘のもとで温泉気分が楽しめる「そぞろ歩きお休み処」，携帯電話で注文すると米沢ラーメン・そば等が出前される「どこでも出前」などのプログラムを作成し，朝市の開催，温泉街散策マップの作成，レンタサイクルの無料貸出しなどもおこなった。そして，小野川温泉は「そぞろ歩きができる温泉街」として全国から注目される温泉街となる。この取り組みで注目すべきは，JTB と JR 東日本の若いスタッフと小野川温泉の若い経営者が時間をかけて共に知恵を絞り，汗をかいたことにある。

　また近年，旅行会社が地域と連携し，国や地方自治体による地域活性化助成事業に参加する動きも見られるようになった。

　観光による地域活性化助成事業には，地域資源を発掘するもの，地域資源を磨き魅力をアップさせるもの，地域の魅力を発信していくもの，観光拠点を作るもの等があり，事業として採択されると，基本的には助成金が出る。申請主体となれるのは，一般的に，地域の事業者や商工会，観光協会，DMO 等であり，地域外の旅行会社は申請主体となれないことが多い。そこで，旅行会社は事務局となり，公募のための申請書作りから関わる。採択されると，申請主体へのコンサルティングや事業の進行管理等を担い，助成金の中からその対価を得ることができる。地域にとっても，旅行会社の知見を活用できるメリットがある。

　バブル崩壊後，多くの地域で旅行会社と地域の関係の悪化が見られる一方，このようにお互いの共存を目指す動きも見られるようになってきているのである。

4 ── 訪日外国人の急増

　2015 年頃から急激に増加し始めた訪日外国人観光客の存在は，明るい話題の少なかった日本の観光地や旅行業界にとって有難いものとなった。

　訪日外国人観光客増加の理由は，2003 年に始まった，「ビジットジャパンキャンペーン」に遡る。これは 1 章で説明した観光立国宣言における訪日観光振興の一環として進められたものである。

　国と地方自治体・民間が共同して外国人誘致に取り組むキャンペーンであり，2003 年に 520 万人だった訪日外国人を 2010 年までに 1,000 万人とする目標が立てられた。

　キャンペーンが始まると，海外に向けた日本の情報発信が積極的に実施されるようになった。2008（平成 20）年には観光庁が設置され，国を挙げた推進体制も構築された。外国人の入国査証の条件が緩和され，訪日観光客を誘致しやすい仕組みも整備されていった。

　2010 年の時点では，目標の 1,000 万人には届かず，翌 2011 年には東日本大震災の影響で 620 万人にまで落ち込んだ。しかし，取り組みは功を奏し，その後訪日外国人数は急増。2016 年 2,400 万人，2017 年 2,860 万人，2018 年 3,120 万人，2019 年 3,190 万人となった（図表 3 - 10）。

①　訪日外国人観光客急増による課題

　訪日外国人の増加は，観光地にとって喜ばしいことであった。国内延べ宿泊数が 3 億泊を超えていることと比べ，訪日外国人の 3,000 万人は相対的には少ない印象があるかもしれない。

　しかし，彼らは長期の滞在になることが多く，観光中の消費額が邦人の国内旅行よりも多い傾向がある。そのため，低落傾向が見られた国内観光に活気が戻り，多くの観光地が息を吹き返した。

　しかし，一方で問題も生じた。訪日外国人は特定の観光地に集中する傾向が

図表 3 − 10　訪日外国人数の推移

単位：百万人

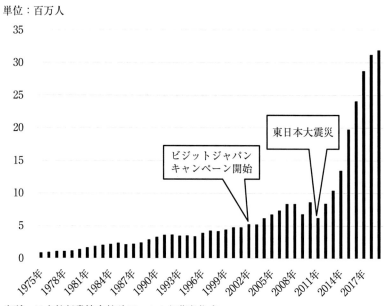

出所：日本旅行業協会統計データより著者作成

　見られた。それに触発されて国内旅行も増加した結果，京都など一部の観光地
では，地域の観光客受け入れの許容量を超え，地域住民への弊害などが顕在化
した。これは，オーバーツーリズムと呼ばれ当該地域では大きな問題となった。
　計画を大幅に上回って観光客が増加することは，必ずしも良いことではな
い。観光客を受け入れるためには，インフラの整備などが必要である。受け入
れの準備が整わない状況で来訪した観光客は，色々な場面で不便を強いられ，
その不満が将来的な観光地の価値を下げてしまうことになりかねない。
　このような危惧を感じ始めた矢先，新型コロナウイルス感染症が世界を襲っ
た。2020 年の訪日観光客は全国で 410 万人となり，前年に比べ 80％以上減少
することとなった。

5── 3章のまとめ

　3章では，観光や旅行業の歴史を通じて，旅行業界の変遷や旅行会社が果たしてきた役割，地域との関係性について見てきた。日本の観光や旅行業は，旅行会社が牽引し，観光地と共に発展してきたことが理解できるであろう。

　欧米の研究では，先進国の旅行会社が開発途上国の観光地から搾取してきた状況を指摘し，「マスツーリズムは悪」とされてきたが，日本においてはそれとは根本的に異なる観光の歴史が見えてくる。日本の旅行会社は昭和初期までは国の外国人接遇機関として，また地域の案内所の役割として成長した。高度成長期以降は団体客を観光地へ送客し，地域は受け入れ態勢を整備することでWIN・WINの関係を築いてきた。バブル崩壊後の一時期，観光地と旅行会社の関係が悪化したこともあったが，基本的に共存の道を歩んできたといえる。

　昨今，旅行会社の送客力低下について観光地から不満の声を聞くことが多い。送客力低下については，旅行形態の個人化，IT革命による情報収集や申し込み手法の多様化，さらに少子化など，観光を取り巻く社会環境の変化が大きく起因するが，バブル崩壊後の観光地と旅行会社の関係悪化へのわだかまりも根強い。しかし，それを理由に旅行会社と距離を置くことは得策とはいえない。

　ITの進化により，地域が積極的に，また双方向で情報発信できることが可能となった。観光施設の直販化も進んでいる。これらの状況を前向きに受け止め，受け身の姿勢からの脱却を図ることが大切である。

　また，旅行会社はバブル崩壊後，苦戦を強いられる中で多角的に力をつけ，企画力やコンサルティング力が強化されている。旅行会社と観光地の関係も，希薄になりつつあったが，近年では地域に寄り添い地域活性化支援に力を入れる旅行会社も増えている。地域は旅行会社の培ってきたスキルとノウハウを積極的に活用すること，その際は依存するのではなく共存していくことを考えるべきである。

第4章

コロナで生じた観光の変化への対応

　新型コロナウイルス感染症の蔓延により，観光に変化が生じた。観光にとって考える変数が1つ増えたのである。

　近場へのシフトは地域の観光にとって有利に働くことについては第1章で述べたが，その他様々な変化が起きている。

　多くは，新型コロナウイルス感染症が終息するまでの一過性のものであるかもしれない。しかし，コロナ終息後も新たなトレンドとして継続していくだろうと考えられるものも見られる。これらについては，地域として状況を的確に把握し対応していくことが必要になる。

1 ——— 感染拡大防止と観光事業活動との両立

（1）安心・安全を求める

　元来日本人は，清潔感への意識や，安心・安全への意識や欲求が高いといわれていた。今回の新型コロナウイルス感染症で，改めてそのことが確認できたのではないだろうか。

　新型コロナウイルス感染症は飛沫感染であることが判明し，感染拡大の防止策として，社会では人と人との距離（ソーシャルディスタンス）を取ること，接触を減らすこと，不要不急の外出を避けることが求められた。仕事では対面からオンラインへのシフトが推進され，どうしても対面が必要な場面では，パーテーションの設置や，座席の間隔を十分にとるといった対策が講じられてきた。また，非接触レジなどの設置など，人と人との接触を減らすハード面の改善が進められている。

　観光は，基本的には余暇を楽しむ行動であるため，どうしても不要不急の活動に分類されがちである。2020年5月頃までは，夏場になれば感染症が収まるのではという希望的観測もあり，観光事業の活動を停止し状況を静観する傾向が強かったが，2020年夏頃より，感染症蔓延の長期化が予想されるにつれて，感染拡大の防止と観光事業活動との両立を模索しようという動きが出てきた。

（2）感染防止対策商品

　まずは，旅行会社から感染防止対策等を前面に打ち出した旅行商品が販売された。

①　三密回避ツアー

　新型コロナウイルス感染症は，三密を避けることが必須であるということから，三密を回避した旅行商品が登場した。三密とは密閉・密集・密接を意味する。

　2020年9月にクラブツーリズムが発表した三密回避のバスツアーでは，バス1台につき定員を19人に限定し，食事会場でも座席間隔をグループごとに十分確保するなど，独自の基準を設けた。また，専用ロゴを作りPRもおこなった。コロナ禍での経済活動は，距離を保つこと・三密回避が基本となったため，ある意味当然の対策といえるかもしれない。

②　PCR検査付ツアー・保険付きツアー

　自社のツアーに安心して参加してもらえるようにと，PCR検査を組み込んだ旅行商品も発売された。

　宇都宮市のある旅行会社の場合，地元の呼吸器内科と連携し，旅行出発前，または出発前と帰着時の2回のPCR検査をツアーに組み込んだ。これは，観光客も，受け入れる観光地にとっても，また観光事業者にとっても安心を得られる取り組みである。

　また，新型コロナ保険を付与した国内旅行商品も発売された。旅行中の医療相談が受けられるほか，旅行後14日以内に感染が発覚した場合，一定の保証が受けられる内容となっている。

（3）地域住民と観光客，観光事業者の協力

　観光地での取り組みも始まっている。例えば，新潟県妙高市ではDMO妙高ツーリズムマネジメントを中心に，行政と地域医療の連携を組み込んだ観光戦略を策定し，それを「妙高モデル」と名付けた。

　観光のステークホルダーとして医療機関が加わり，誘客のために安心安全の見える化を進めていくことが「妙高モデル」のポイントである。そして特筆すべきことは，観光客や観光事業者ではなく，まず市民の感染防止意識を高めることから始めていることにある。具体的には，妙高の全市民に対しコロナ感染者との接触の有無について確認ができるアプリ「COCOA」の加入を促す，免疫力を高める食と運動を推進する，感染者への誹謗中傷の防止の3つである。そのうえで，独自の感染対策ガイドラインを策定した。そして，観光事業者に対するガイドライン遵守状況を調査し，合格した施設には認定書とステッカーの発行をする。また観光事業者には2週間ごとのPCR検査の実施を義務付けた。さらに，大学の研究機関と連携したシミュレーションにより取り組みの効果を定量的に検証している。

　今後の取り組みのステップとして，安心・安全の見える化に続き，安心・安全な旅の提供をおこない，国内向けプロモーションや海外向けプロモーションによって，日本の新たな観光のスタンダードとすることを目指している。

　他の地域では，新型コロナ接触確認アプリ「COCOA」を使う観光客に対して，地元の観光で使える割引券の配布の実施を始めたところもある。

　新型コロナウイルス感染症に対する観光地の取り組みのポイントは，地域住民・観光客・観光事業者各々の安心のために，3者が応分の努力をするしくみづくりにあるといえる。

2 ——— デジタル対応

（1）観光とDX

　日本は，インターネット利用率や回線速度は他国より進んでおり，IT分野は進んでいるイメージがあるが，クラウドの利用や行政手続きのオンライン化などは他国から大きく遅れを取っているといわれている。つまりハード面はある程度充実してきているものの，活用しきれていないという状況である。日本企業は，主に既存サービスの効率化やコスト削減のためにITを活用しており，人々の生活の利便性を向上させるような新たなシステム作りについては十分な取り組みがされてきたとは言い難い。そのためコロナ禍において日本のデジタル化の遅れが浮き彫りとなったが，観光においても例外ではないのである。

　2021年，それらへの対策として，日本のDX（Digital Transformation）を推進すべくデジタル庁が設置された。DXとは，進化し続けるテクノロジーが生活をより良くしていくという概念である。

　デジタル庁は，行政のデジタル化や，オンライン医療や教育の実現により日々の暮らしの利便性を高めつつ雇用や投資を生み出すこと，年齢・地域・経済状況などによらず，全ての国民が情報にアクセスできデジタル化の恩恵を享受できること等を目標に掲げている。

　観光においては，2021年度DX推進による観光サービスの変革と観光需要の創出に，観光庁が新しく約8億円の予算を計上している。

（2）バーチャルツアー

　旅行や観光は，居住地を離れること自体に価値があると考えられてきた。新型コロナウイルス感染症発生直後に，筆者が所属する大学のゼミ生と，その家族・親戚，アルバイト先などの知人を対象として約300人に実施したアンケートでも，大半が「オンラインによるバーチャルツアーは観光の選択肢にはなり得ない」と回答している。しかし現実には，デジタル技術を使ったバーチャル

ツアーが次々と登場した。

① バーチャル修学旅行

　近畿日本ツーリストは，2020年9月他社に先駆け，新型コロナウイルス感染拡大で修学旅行の中止を余儀なくされた首都圏エリアの中学校をターゲットに，リモートによる修学旅行の販売を始めた。

　オンライン会議システムのZOOMを活用し，教室内のスクリーンで修学旅行の主な訪問地である奈良・京都を疑似体験する。内容は奈良・薬師寺で僧侶の法話を聞く，講師の解説による美術品見学，伝統文化体験としての舞妓鑑賞，京都を楽しみながら学ぶクイズ大会などが用意され，司会は人気のある芸人が務めるというものである。

② バーチャル文化財鑑賞ツアー

　凸版印刷は，企業や学校などに研修旅行の代替として「奈良・唐招提寺のVR拝観」と「東京・浮世絵工房のバーチャル見学」の2つのツアーの販売を始めた。今後も「京都・町家での洛中洛外図屏風デジタル鑑賞」「東京・禅寺でオンライン座学」などの新ツアーも予定されている。旅行会社ではない凸版印刷がバーチャルツアーを実施することになったことには理由がある。同社では，既に文化財を高精細でデジタル保存する取り組みをおこなっており，その手法として「トッパンVR」を開発していた。今回のオンラインツアーは，そのノウハウ活用の一環として実施されたものである。スタジオからの最先端映像に加え，僧侶や伝統工芸士などとのオンライン対話およびワークショップなどで構成されている。

③ ライブ体験ツアー

　HISのアメリカ法人H.I.S. USA Holdingは，視聴者側が画面操作できる機能を活用した新しいオンライン体験ツアーを開始している。視聴者が画面上のポインタを指すことで，現地カメラ映像の向きを自由に変えることが可能であ

り，ツアー中の写真撮影などの記録もできる。既に，世界50カ国で581のオンライン体験ツアーを販売しており，累計参加者数は既に2万2,000人を超えているとのことである。特に経験豊かなプロの現地ガイドによるライブ中継ツアーの満足度が高く，今後はガイドとの双方向コミュニケーションのできる，少人数に限定した専門性の高いツアーに活用が予定されている。

④　バーチャル慰霊ツアー

　JTBは「オンライン慰霊ツアー」の販売を開始した。コンセプトは「平和を祈り，遠く離れた日本から手を合わせる」というものである。新型コロナウイルスの影響による海外への渡航制限のみならず，参加者の高齢化に伴い体力的に参加ができないという課題へ対応した。その第一弾として，最も要望の高いフィリピン・カリラヤ日本人戦没者慰霊園での慰霊が用意された。本人に代わりJTBの現地スタッフと戦跡ガイドが現地を訪れ参拝する様子をオンラインによるLIVE中継で届ける臨場感溢れる体験型ツアーとなっている。また，グアム，サイパン，インドネシア，マレーシア，台湾などのオンライン慰霊ツアーが検討されている。

（3）コロナ対策のデジタル対応を将来へ生かす

　新型コロナウイルス感染症対策の中で，観光においてデジタル化できるものが多く残されていることに気付かされた。そして，色々な可能性が見えてきたが，これらを一過性のもので終わらせてはいけない。

　コロナが終息した後も，様々な事情で修学旅行に行くことができないことはあるだろう。以前であれば，中止もしくは参加を断念せざるを得なかったところに，新たにバーチャル修学旅行という選択肢が加わった。

　バーチャル文化財鑑賞ツアーのような，高精細なデジタル画像と専門家とのオンライン対話という手法は今後活用されていくであろう。なぜなら，美術館に足を運んで美術品や工芸品を見に行っても，レプリカしか見られない，本物であってもガラスケース越しに離れたところからしか見ることができないこと

は多い。また，事前の知識や解説がなければ，せっかく鑑賞しても印象に残らないことも多いからである。

ライブ体験ツアーは，誰でもが簡単に足を運べる訳ではないような場所への選択肢としては，今後大いに活用されるべきである。実際の旅行の準備・下見での活用も期待できる。

バーチャル慰霊ツアーからは，高齢化に伴い，参加したくてもできなくなった人たちのニーズにデジタル化が応えることが示された。

本来リアルでなければならないものについては，コロナ終息後はリアルに戻り，バーチャルに変化することはないだろう。しかし，従来リアルであっても，バーチャルでも同程度あるいはそれ以上の効果・満足を得られるものや，リアルを望んでも叶わないものについては，バーチャルへシフトする可能性も十分あると考えられる。

3── ワーケーション

（1）ワーケーションとは

ワーケーションとは，ワーク（仕事）とバケーション（休暇）を組み合わせた造語である。観光地などで余暇を楽しみながらテレワークをすることを指しており，発祥は2000年代のアメリカとされている。

日本の大手企業でも以前から導入している例はあるものの導入率は極めて低かった。余暇を楽しみながら仕事をするという発想が日本の企業に馴染みにくかったことと，日本でのテレワークの普及が進んでいなかったことが導入率の低い理由である。

しかし，新型コロナウイルス感染症の蔓延によって，テレワークはかなり一般的なものとなってきた。余暇を楽しみながら仕事をするという発想についても，近年の研究で新しいアイデアや発想が生まれやすい，メンタルのケアに有効であるといったことが明らかにされた。そして，業種業態によっては，一気にワーケーションが現実味を帯び，取り入れる企業も増え始めた。

　観光地の経済復興や地域活性化への期待から，2020年10月にはその普及に向けた観光庁の主催による検討委員会，経済界・自治体・関係省庁の横断型の検討委員会が開かれた。さらに政府から企業や自治体に対して補助金なども設けられている。

（2）ワーケーションの種類
　2020年7月に開催された政府による観光戦略実行推進会議にて，ワーケーションの種類として4つの類型が示されている。

・休暇活用型
　有給休暇などの休暇を取得し，その一部に仕事を織り込む，休暇と仕事を混合したスタイル。休暇を楽しむことがメインで，休暇の合間に業務時間を一部入れる。

・ブリージャー型
　出張の前後に観光やレジャー要素を盛り込み，仕事と休暇を組み合わせるスタイル。地方などへの出張時に前乗り・延泊などをし，訪れた場所で余暇の時間も確保する。仕事がメインであることが休暇活用型との違いになる。

・オフサイト会議・研修型
　ミーティングや研修などをオフィスで実施するのではなく，温泉地やリゾート地で行い，合間に休暇を入れていくスタイル。

・日常埋め込み型
　テレワークを活用し，場所に縛られず，日常的に仕事と休暇を織り交ぜながら働くスタイル。

　この4つの中で，求められる地域の対応を考えてみよう。

　まず休暇活用型は，従来であればどうしても外せない打ち合わせや会議が1つあるだけで長期休暇が取れなかったケースでも，その打ち合わせを旅先でおこなうことが可能になり長期の旅行ができるなどのメリットがあり，今後活用される可能性が高い。

　ブリージャー型は，従来からもかなり一般的に実施されてきたスタイルであり，地域にとっては貴重なマーケットであったが，今後は出張前の準備・出張後の報告などのオンライン化が進むことも想定される。

　そのため，休暇活用型，プレージャー型共に，観光地としては地域内のWi-Fi などの通信環境や電源確保などを整備・充実させていくことが必要になる。これには，宿泊施設での対応にとどまらず，地域内にオンライン業務が可能なワーキングスペースの設置などが望まれる。

　オフサイト会議・研修型は，観光地にとってはその地域の魅力づくりに加えて，ミーティングや研修のための設備の整備が求められるが，展開によってはリピーター化やオフィスの移転までも期待できる魅力的なマーケットである。

　日常埋め込み型は，仕事をしながら長期間観光地を巡るというものである。職種もかなり限定されると考えられ，誰もができるスタイルではなく現状ではまだまだ普及は難しいと考えられるが，今後の展開について留意しておくことは必要であろう。

（3）ワーケーションの実例

　ワーケーションの実例として，人材派遣業大手のパソナグループの例を挙げておこう。

　同社は2020 年秋に本社機能の一部を東京丸の内から兵庫県の淡路島に移転させた。本社機能に関わる約 1,800 人のうち，翌 2021 年 6 月までに約 120 人が淡路島に移り，今後 2024 年 5 月までに約 1,200 人の業務を移転させる計画である。

　社員は，拠点となる島内複数のオフィスを行き来し，気分を切り替えながら仕事ができるという。同社は，以前より淡路島の経済活性化に取り組んできた

が，新事業の展開も検討中である。2021年4月には，島外の企業に向けワーケーションの場を提供する拠点を新設している。（日刊工業新聞21/6/24）

4 —— レスポンシブルツーリズム（責任ある観光）の萌芽

（1）レスポンシブルツーリズムとは

観光客は，観光地に経済効果をもたらすと同時に，観光地へ負荷をかけている。観光客の行動は，即ち必ず地域の資源を消費することになり，ゴミも排出され許容量を超えれば公害に発展することもある。

そのため観光客が，かけた負荷以上のメリットを観光地に与えなければ観光地は消耗していき，サスティナブルな観光とはならない。これが，レスポンシブルツーリズム（責任ある観光）のベースとなる考え方である。

観光客は自分の行動が地域に負荷をかけていることを意識した，自律した行動をとらなければならない。観光客が観光地に負荷をかけないよう自律的に行動することは，観光の質を高めていくためにも非常に大切なこととなる。

京都などいくつかの観光地において，観光客の過剰な増加による弊害が表面化し，オーバーツーリズムと呼ばれていたが，これらの問題の多くは観光客の自律的な行動によって解決できるはずである。しかし，観光地にとって観光客はお客様であり，観光客の我儘は余程悪質なもの以外は観光地が許容すべき，という風潮があったことは否定できなかった。

（2）コロナ禍で認識された観光客の責任

ところが，今回の新型コロナウイルス感染症によって，観光客が来てくれるのは嬉しいけれど，コロナを持ち込まれるのは怖いという意見が観光地から聞かれるようになった。感染者数の多い地域の住民が，感染者が極めて少ない地域へ，安全だからという理由で出かけていくことや，観光客の感染防止意識の低い行動に非難の声も上がった。観光客が観光地にかける負荷が表面化してきたのである。

　しかし，この問題は地域住民や観光事業者の安心のために観光客を拒否したり，観光客に負荷をかけたりということでは解決できるものではない。まして，観光客の安心のために地域や観光事業者が負荷を強いられるものでもない。

　前述したとおり，地域住民と観光客，観光事業者の3者が応分の努力をすることが不可欠である。今回の新型コロナウイルス感染症対策の中で，多くの地域がこの考え方に気づかされたことであろう。3者がそれぞれの責任を正しく認識し実行すること，これはコロナ終息後も継続していかなければならない。

5───　4章のまとめ

　4章では，新型コロナウイルス感染症によって生じた観光の変化と，旅行会社や地域の対応について説明してきた。変化のいくつかは感染終息後も継続し，新しい観光のスタンダードになる可能性も高く，これからの観光がドラスティックに変化するようにも見える。

　しかし新型コロナウイルス感染症発生以降に発表されている観光客の意識結果では，「実際にその土地に行けるという価値を再認識した」という声が多い。今後の観光において，デジタル対応の強化は必要であり，コンテンツによっては拡大・定着することも想定されるが，デジタルがリアルにとって代わることはないだろう。

　コロナ禍で人々の安心・安全への意識が高まったことは明らかであり，ある調査では，コロナ禍において観光客は旅館の伝統的な「おもてなし」を望んでおらず，丁寧な接客よりも，人と人との接触を減らすことを良しとしているという結果が示された。しかし，コロナ終息後，通常の生活環境を取り戻すことができれば，人々が観光地に求めるものも変化するだろう。

　つまり，観光客が現地に赴き，観光地では対面でのサービスを提供するという観光の基本は変わらない。そうである以上，まずは従来から存在していた課題の解決を基本に置くべきである。そのうえで，コロナ禍で生じた新しい事象やニーズを見極め，今後の変化を見逃さず柔軟に対応していくことが大切である。

第5章

観光地の顧客満足・ロイヤルティ

　東京オリンピック・パラリンピック招致の最終プレゼンにおいて，滝川クリステル氏が発した「お・も・て・な・し」という言葉がブームとなったことは記憶に新しい。

　プレゼンの中で，「おもてなし」について "見返りを求めないホスピタリティの精神。先祖代々受け継がれながら，日本の超現代的な文化にも深く根付いている。なぜ日本人が互いに助け合い，お迎えするお客さまのことを大切にするかを示している" と説いている。

　そして，日本は，また日本の国民は，ホスピタリティ精神に溢れ，お客様の満足を非常に重要視する国（国民）と強く印象付けられた。現実に，オリンピック・パラリンピックに限らず国際的なスポーツ大会のホストタウンとなった地域でのおもてなしや選手との心温まる交流は，しばしばニュースとして取り上げられてきた。

　しかし，観光地において本当の意味での顧客満足について考えられはじめたのは，ごく最近になってからのことである。この章では，地域の顧客満足とロイヤルティについて科学的・論理的に考えていくこととする。

1 ——— 観光地における顧客満足度向上の重要性

（1）真の顧客満足に向き合えていなかった観光地

　「日本はホスピタリティ精神に溢れた国」世界にそう印象づけられる一方で，日本の観光地においては，必ずしも本当の意味の顧客満足には向き合えていなかったという歴史があった。

　マスツーリズムの時代，観光地に観光客を送客するのは旅行会社であったため，観光地や観光施設にとって旅行会社の要望に応えることが何より重要事項であった。そして，当時の旅行会社は常に忙しい状況が続いており，客を捌くという意識が強く，一人一人の要望に応えるというよりはクレームが発生しないことを優先していた。

　観光地では旅行会社の要望に応え，観光客に不公平感を持たれない画一化されたサービスを提供し，料理なども見栄えの良い華やかなものを数多く揃えることが一般的であり，それらの着実な実行が顧客満足に配慮した対応であると理解されてきた。

　しかし，本来企業等が顧客の満足を重視するのは，顧客満足がリピートや口コミにつながるからである。そのために個々のユーザーのニーズやサービスに対する不満を洗い出し改善することに努力してきたのである。

　ところが，一般的に観光に出かけることは年に数回程度であるうえ，同じ場所を再訪することは稀である。そのため，観光地は本来の目的である，リピートや口コミをしてもらうための顧客満足に向き合えておらず画一化された表面的なサービスを提供するにとどまっていた。

（2）地域の経営課題として捉える

　近年インターネットの発達によって口コミの力が格段に増した。旅行者の体験談などがネット上のいたるところに掲載されるようになり，観光客は，観光地や宿泊施設などの供給側が発信する情報よりも，観光客の口コミ情報などを重要視するようになってきた。そして，彼らの評価が観光地の選択に大きな影響を及ぼすようになってきている。そのため観光地は，ようやく観光客の顧客満足に本当の意味で向き合う必要性を感じるようになってきた。

　それでも，顧客満足度の良し悪しは，スタッフの接客レベルの問題という捉え方にとどまっている場合が多い。そのため，「観光地の顧客満足度を高めるため，スタッフの接客研修を年に2回実施しています」ということで済ませてしまう現場に出くわすことも珍しくない。

　しかし，顧客満足度向上は観光地経営の根幹にかかわる極めて重要な課題であり，観光地の存続すら左右するものである。事業者であれば経営者が，地域であれば責任ある立場の者が，自らの役割と捉え地域全体として取り組むべきものである。

（3）論理的思考と科学的アプローチ

　顧客満足は観光地経営の根幹にかかわる重要な課題であるから，単なる運動論や心構えの問題として処理するのではなく，論理的に考え科学的にアプローチをすることが必要である。

　まず，観光地において来訪者がどういった場合に満足するのかを理解しなければならない。また，ビジネスの現場で顧客満足と同様もしくはそれ以上に大切なことは，再利用や他者へむけて発信される良い口コミなどの推奨行動である。これらの行動が，どのようなプロセスで生じるのか，また顧客満足度とどのような関係にあるのかを理解したうえで，観光地での活用について考えることが必要になる。次項より，これらについて順を追って説明していく。

　なお，お客様が満足することを「顧客満足」と呼び，お客様が，再購買や再利用，再来訪もしくは口コミなど他者への推奨行動とることを「ロイヤルティ」と呼ぶ。また，一般的な意味で顧客満足という場合，その両方および関連する要素を含んでいることが多いが，本書では意味合いを明確にするために，両方の意味を含む場合は，「顧客満足・ロイヤルティ」と表記する。

2── サービスにおける顧客満足

　世の中が成熟するにつれてモノは溢れ，単なる物質的な「モノ」への満足よりも「モノ」が提供される過程や背景，サービスを含めた「コト」としての満足が強く求められるようになった。つまり「モノ」そのものと同様に，「モノ」に付随する付加価値が顧客満足に大きく影響するのである。例えば，飲食店で，単に料理が運ばれてくるのではなく，食材のこだわりや料理への想いを知るこ

とができたり，調理のプロセスを見ながら食べたりすることで，より満足を感じることがあるだろう。そのため，「モノ」を磨くだけでなく，サービス力を上げることが重要となってきた。

（1）サービスの特徴

　サービスにおける顧客満足を考えるにあたり，製品（モノ）のそれとは異なる特徴を捉えておく必要がある。

　サービスには，「形」がない（無形性），生産と消費が同時に発生する（同時性あるいは不可分性），品質を標準化することが難しい（異質性），保存ができない（消滅性）という４つの特徴がある（図表5－1）。つまり，サービスは提供者や顧客に応じて変動し，カタチが無く，提供されると同時に消滅する。そのため，「サービスを受けた顧客の印象」が，満足度に直結することになる。

　これらの特徴に応じた対処が求められることとなる。例えば，無形性への対処として，事前にサービス内容紹介動画を提供することによる可視化，同時性・不可分性への対処として，余裕を持ったサービススタッフの配置などが考えられる。

　また，マニュアルを整備し，サービスの均一化や一定レベル以上の担保を図ることがあるが，これは異質性への対処である。ただし，臨機応変なサービス提供を阻害することになるので注意が必要であろう。

図表5－1　サービスの特徴

サービスの特徴	内容
無形性	目に見えないものであり，購買の前に味わったり，触ったり，匂いをかいだりすることができない
同時性あるいは不可分性	サービスを提供する場合には，基本的には人が必ずその場にいなければならない
異質性	サービスは誰が提供するか，いつ提供されるかによって，内容や品質が変わる
消滅性	サービスは在庫することができない

　また，消滅性への対処として，実施したサービスを動画で記録していくことなどが考えられる。

（2）消費者行動論

　モノの品質は，スペックなどで客観的に判断することが可能であるが，サービスの品質の判断には人間の心理が大きく影響する。そのため，消費者の心理面からの解明が試みられたが，その際使われたのが消費者行動論研究の知見である。

　消費者行動論とは，人が消費行動をする際の心理についての理論をいう。消費者行動論の中で定説となっているものの中から，観光に関係が深いと思われるものについて紹介する。

①　認知的不協和理論

　「人は，自分がそぐわない状況に置かれた場合，居心地の悪さ（認知的不協和）を感じる。その居心地の悪さを避けようとし，自分を納得させられる，もしくは正当化させる理屈を考えたり態度をとったりすることで，自分自身の内部に矛盾がないように自分の考えを変えてしまう。」これが認知的不協和理論である。

　観光においては，次のような場面がイメージできる。自分で選んで予約した旅館に宿泊したが，期待した程良くないと感じたとする。しかし，自分の判断が間違っていたことを認めたくないという気持ちから，この旅館は，本当は良いのに，たまたま今日は天気が悪いから良くないと感じただけかもしれない，今日は特に混雑しているから印象が悪かっただけかもしれない等と色々な理屈を考え，最初に期待した程良くないと感じた気持ちを，良かったという気持ちに変えてしまう心理をいう。

②　プロスペクト理論

　「人は，良い事より悪い事を過大に評価する傾向がある。」これがプロスペク

ト理論である。儲かった時の10万円より，損をした10万円のほうが大金に思える心理である。

　観光では，多くの楽しい思いを経験したにもかかわらず，客観的にみれば，さほど重大ではないと思われる程度の1回の不快な思いでも，旅の印象が非常に悪くなってしまうことを，多くの人が経験しているのではないだろうか。

③　ハロー効果

　『人は，あるカテゴリーで良いと考えたときに，他のカテゴリーにおいても同じく良いと判断してしまう傾向がある。』これがハロー効果である。

　料理の評判の高いホテルが，直営のギフトショップを出店したのを見て，きっと素敵なショップに違いないと思うような心理を指す。

　実際に行ってみたら，素敵なショップであったという場合も多いのだが，「素敵なショップに違いない」と思ったことは，ハロー効果によるものである。

（3）顧客満足発生のプロセス
① 期待不一致モデル

　　　〜期待を上回ると顧客満足度は向上する〜

　顧客はどのような時に満足するのかという命題に対する答えとして，最も知られているものが「期待不一致モデル」である。

　これは，実際にサービスを受けた後の主観的な評価が，期待以上であれば，顧客満足度は高くなり，期待以下であれば，顧客満足度は低くなるというものである。非常に明快な理論であり，顧客満足の基本的な考え方となっている。

　しかしこのモデルは，期待が一定であることを前提としており，期待が変動するような場合には，期待不一致モデルでは説明がつかないことが多い。例えば，このモデルによれば，「顧客満足度を高めるためには，事前の期待をできるだけ小さくした方が良い」ということになるが，現実的にそのようなことは考えにくい。

　観光における期待は，人によって様々であり状況によっても異なる可能性が

高く，一定ではなく変動すると考えることが妥当である。そのため，観光にお
いて期待不一致モデルが適用できる場面は，明らかに期待されるサービス水準
が決まっている場合に限られる。

② 知覚矯正仮説
　　〜事前の期待は少し高い方が，顧客満足度は高くなる〜
　　期待不一致モデルでは説明がつかない命題として「同じ経験をした場合，あ
る程度期待が高い方が満足は高くなる」ということが実証実験で知られてい
た。これを論理的に説明したのが知覚矯正仮説である（図表5 - 2）。
　　知覚矯正仮説では，経験後の主観的評価を顧客満足度と考える。そして，期
待のほうが経験後の客観的評価より少し高い領域では，顧客は自分の心の中で
期待に基づいた行動を正当化する認知的不協和が作用するため，経験後の主観

図表5 - 2　知覚矯正仮説

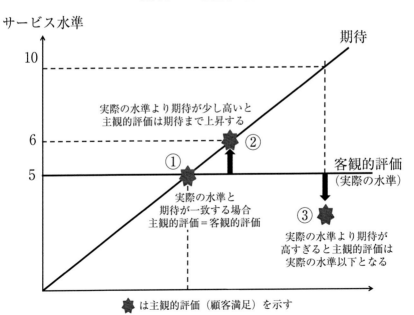

は主観的評価（顧客満足）を示す

的評価は客観的評価より高くなる。

　事前期待がさらに高く，経験後の客観的評価との乖離が一定以上に広がると，期待からあまりに離れた現実に反発する気持ちが生じてくる。こうなると認知的不協和は作用せず，経験後の客観的評価よりも主観的評価が低くなる。

　これを，図表5-2で説明しよう。仮に観光地のサービス水準（客観的評価）は5であるとする（10段階で10が最も高いとする）。

　その観光地に5の期待を持った観光客が来訪した場合を考えてみよう。この場合，来訪者の観光地評価（経験後の主観的評価）は5である。経験後の主観的評価を顧客満足度と考えるため，顧客満足度も5となる・・・①。

　6の期待を持った観光客が来訪した場合では，来訪者にとってその観光地は期待以下ということなる。しかし，それを認めたくないという気持ち（認知的不協和）が働き，色々理由をつけて評価は6であると自分に思い込ませてしまう。その結果，この来訪者の観光地評価（経験後の主観的評価）は6となり，顧客満足度も6になる・・・②。

　10の期待を持った観光客が来訪した場合，観光地の客観的評価は来訪者の期待を大きく下回ることとなる。期待とのあまりの違いに失望し，観光地に対し，客観的評価5を下回る評価（経験後の主観的評価）をしてしまう。その結果，顧客満足度も5を下回ることになる・・・③。

　以上から，客観的評価の5より，少し高い6の期待を持った観光客の顧客満足度が3者の中で最も高くなっていることがわかる。つまり，事前の期待は少し高い方が，顧客満足度は高いことが多くなるという理論である。

③　満足の2元論と機能従属説
　　〜本質機能を損ねると顧客満足度はゼロになる〜

　1つのサービスの中には，顧客が代価に対して当然受け取ると期待している本質サービスと，代価に対して必ずしも当然とは思わないが，有ったほうが良いと思われる表層サービスが存在する。本質サービスは満たされなければ「不満足」を感じるが，満たされても「満足」はせず「不満足ではない」と感じる

図表5－3　満足の2元論

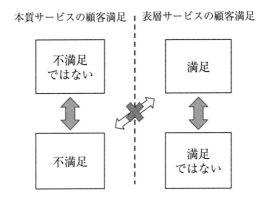

だけである。表層サービスは，満たされない場合でも特に「不満足」とは感じず，満たされた場合は「満足」する。このように，「満足」の反対が「不満足」ではなく，「満足」の反対は「満足ではない」，「不満足」の反対は「不満足ではない」とし，「満足」と「不満足」は独立した別の次元の感情であると考えることが「満足の2元論」である（図表5－3）。

　また，サービス全体としての顧客満足度は，サービスの中の「本質サービスの充実度」と「表層サービスの充実度」の両方によって形成される。サービスには本質機能が備わっていることは必須要件であり，本質機能において最低許容水準を下回ると，そのサービスに対する顧客満足の根幹部分が損なわれるため，顧客満足度はゼロになる。一方，表層機能は欠けたとしても顧客が不満に感じることはないが，本質機能に追加的に付与されることにより顧客を満足させることができる。これを機能従属説という。

　これについて，タクシーでの移動を例に図表5－4で説明しよう。

　まず，「約束の時間までに到着する」という事象について考えてみる。これは，代価に対して当然受け取ると期待している本質サービスである。時間までに到着できなければ『不満足』であることは言うまでもない。しかし時間通りに着いたからといって特に『満足』とは感じない。それは当然のこととして受け止

図表5−4　本質サービスと表層サービスの充実度と顧客満足度の関係

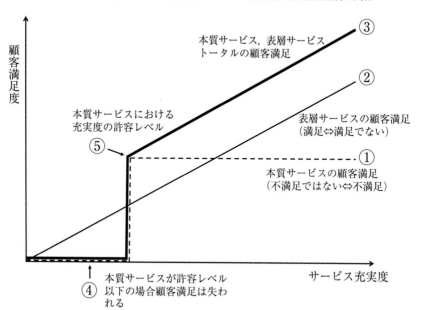

めれられ『不満足ではない』と認識されるだけである。さらに，「約束の時間まで
でに到着する」ことができなければ，顧客満足度はゼロとなる。一方で，より
早く到着したとしても，大きく顧客満足度が向上する訳ではない。・・・①

　次に，「運転手の親切丁寧な対応」という事象を考えてみる。これは，代価
に対して必ずしも必要とは思わないが，有るにこしたことはない表層サービス
であると考えられる。そして親切丁寧な対応があれば『満足』を感じるだろう。
しかし，親切丁寧な対応でなかったとしても，『満足ではない』ものの『不満足』
とまでは感じない。そして，「運転手の親切丁寧な対応」は，その充実の度合
いに比例して，顧客満足度は向上していく。・・・②

　次に，タクシー全体の顧客満足度はどうであろうか。仮にタクシーのサービ
ス全体が「約束の時間までに到着する」ことと，「運転手の親切丁寧な対応」
の2つで構成されている場合で考えてみよう。この場合，タクシー全体の顧客

満足度は，基本的には「約束の時間までに到着する」ことによる顧客満足と，「運転手の親切丁寧な対応」による顧客満足の合計で決まる。・・・③

　ところが，「約束の時間までに到着する」ことが叶わなかった場合，「運転手の親切丁寧な対応」の如何にかかわらず，タクシー全体の顧客満足度はゼロとなる。これは，「約束の時間までに到着する」というタクシーの本質機能が損なわれたためである。・・・④

　約束の時間までに到着できていれば，その部分の顧客満足に，運転手の親切丁寧な対応による顧客満足が加算されていき，「運転手の親切丁寧な対応」の充実度が上がれば，タクシー全体の顧客満足度は向上する。「運転手の親切丁寧な対応」による顧客満足度がゼロであったとしても，「約束の時間までに到着する」ことによる顧客満足は失われない。

　つまり，経営資源が限られることの多い観光地において，全てのサービスの充実度を均一に向上させることは，必ずしも得策ではない。

　提供するサービスを，本質サービスと表層サービスに分類する。そして，本質サービスの充実度を顧客が許容するレベル以下にしないことを最優先とする。・・・⑤

　その上で余裕があれば，表層サービスを可能な範囲で充実させていくことが現実的な対応となる。

④　ツーリズム・システム論モデル
　　～出発前や出発後の出来事も顧客満足に影響する～

　観光客の満足は，旅先での経験だけで決定されるものではない。出発前や移動中の出来事も顧客満足に影響を与える。

　Neal & Gursoy（2008）は，観光には出発前の計画・準備の場面，途中の移動の場面，滞在地での行動場面の3つの場面が存在することに着目した。そして，アメリカ南西バージニア地区の観光客820名を対象とした調査により，次のことを見出した。観光の3場面（準備中，移動中，滞在中）それぞれにおいて異なった行動がなされ，各場面の質，コスト，効率について独自に満足（不満

図表 5 − 5　ツーリズム・システム論モデル

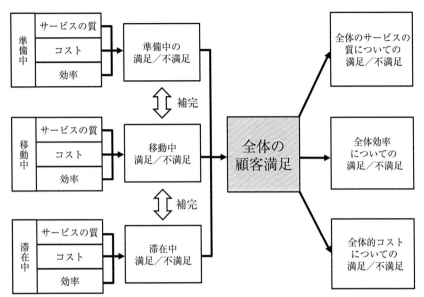

足）が発生するが，それらの満足（不満足）は１つに統合され観光全体の顧客満足が形成される。そして観光地全体の顧客満足は，観光全体の質，全体のコスト，全体の効率，各々の満足（不満足）に影響を及ぼす（図表5 − 5）。

　そして Neal & Gursoy は，「観光の準備中，移動中，滞在中３場面それぞれについて注意を払うことは当然であるが，相互に補完性があることに注意するべきである。仮に，ある場面で不満足があったとしても，他の場面での満足によってこれを補うことが出来る可能性がある」と指摘した。

　近年は，観光地としての独自性を発揮することが難しくなっている。観光地は，旅行準備中や移動中場面での差別化についても考えていくべきである。

3 ── ロイヤルティ

（1）ロイヤルティとは

　ロイヤルティとは，再利用意図（再購入や再来訪などを含む）と，推奨行動（他人へ商品やサービスを推薦する行動）の両方を指す。

　事業活動においては，ロイヤルティが売上の増加に直接寄与することとなるため，顧客満足そのものの研究よりも，顧客満足がどのようにロイヤルティに影響を与えるかということの方が注目を集めるようになってきた。

　Anderson & Sullivan (1993) は，期待不一致モデルによって顧客満足度が決定し，満足すればロイヤルティの生成に影響を与えることをモデル化した。

　しかし，その後の研究で，顧客満足とロイヤルティの関係は単純なものではなく，提供されるサービスの種類や，サービスが提供される際の状況によって，関係が変化していくことが分かってきた。また，ロイヤルティに影響を与えるものが，顧客満足以外にもいくつか存在することが見出された。これらは，観光にとって重要な論点である。

（2）顧客満足とロイヤルティの関係について

① 顧客満足度とロイヤルティの非線形関係

　　～非常に満足した人だけが，ロイヤルティを持つ～

　顧客満足がロイヤルティに結びつく分岐点は，顧客満足度の高い所に位置し，この分岐点を超えるとロイヤルティは急上昇すると考えられている（図表5-6）。満足を，非常に不満，不満，普通，満足，非常に満足の5段階で表した場合，非常に不満から満足までは，ロイヤルティはほとんど発生しないが，非常に満足というレベルになると，ロイヤルティは急激に醸成される。

　つまり，中途半端な満足では，顧客は再訪しようという気持ちにはならず，誰かに薦める行動にも繋がらない。顧客のロイヤルティを期待するのであれば，顧客満足度を向上させる徹底した取り組みが必要であるということである。

図表5－6　顧客満足度とロイヤルティの非線形関係

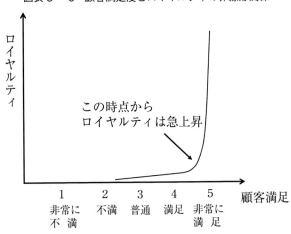

図表5－7　顧客満足度とロイヤルティ形成の関係

	高い　　←　　顧客満足とロイヤルティの関連性　　→　　　低い	
満足の種類	感情的満足	認知的満足
サービスの特徴	利用間隔短い	利用間隔長い
	状況によるニーズの違いが小さい	状況によるニーズの違いが大きい
	常態の維持・回復型	常態の向上型

◻は，観光の特徴にあてはまる。

出所：藤村（2006）より著者作成

② サービスや満足の種類とロイヤルティ形成との関連性
　　～観光では，満足してもロイヤルティを獲得できないことが多い～

　藤村（2006）は，どのような性質の顧客満足なのか，どのようなサービスを対象とした顧客満足なのかによって，顧客満足度とロイヤルティの関連性が異なることを示した（図表5－7）。

　満足の種類とロイヤルティの関連としては，感情的満足は認知的満足に比べて，顧客満足度とロイヤルティの関連性が高い。感情が生起する際には，出来

事の認知が先にあり，その出来事の刺激が自分自身にどう影響があるのかを評価した上で，感情が生起されると考えられている。つまり，出来事の認知の段階で生じた満足よりも，感情が生起された時に生じた満足の方が，再利用や他者への推奨行動を引き起こしやすいということである。

　また，どのようなサービスで発生した顧客満足であるかによって，顧客満足とロイヤルティの関係が異なることについても次のことを指摘している。

　利用間隔の短いサービスで生じた顧客満足は，利用間隔の長いサービスで生じた顧客満足よりもロイヤルティの関連性が高い。

　状況によるニーズの違いの小さなサービスで生じた顧客満足は，状況によるニーズの違いの大きなサービスで生じた顧客満足よりロイヤルティとの関連性が高い。状況におけるニーズの違いの小さなサービスとは，基本的には決まった内容・品質を求められるものであり，状況におけるニーズの違いの大きなサービスとは，状況に応じて臨機応変な対応を求められるサービスを指す。

　常態の維持・回復型サービスにおいて生じた顧客満足は，常態の向上型サービスで生じた顧客満足よりもロイヤルティとの関連性が高い。常態の維持・回復型サービスとは，例えば医療のように通常の状態でない人が，通常の状態に戻すためのサービスや，車の定期点検のように通常の状態を保つためのサービスのことを指す。一方常態の向上型サービスとは，観劇や観光のように，通常の生活に楽しみを付加するようなサービスを指す。

　観光は，利用間隔が長く，常態の向上型サービスであり，状況によるニーズの違いが大きい。つまり観光は，顧客満足度とロイヤルティの関連性が低いサービスの特徴を持っているといえる。

　Chi & Qu（2008）も研究の過程において「一般的な消費者満足と観光客満足とでは全く同じと考えることが出来ない場面がある。特に問題となるのはロイヤルティに基づく顧客の行動である。観光客はある観光地について期待以上の確認・納得があった場合でも，行った所には再び行かないことが多く，商品や他の一般的なサービスの場合と異なる。そのためには，観光分野特有の理論の研究が必要である。」と指摘している。

観光地は，これら観光の特徴を理解したうえで，感情的満足に強く訴えていくことを考えていく必要がある。

（3）ロイヤルティに影響を与える要因
～観光では，感動，動機，イメージが重要～

近年での研究により，顧客満足やロイヤルティが形成されるプロセスにおいて，顧客感動，動機，イメージが強い影響を与えることが明らかになってきた。

① 顧客感動

顧客感動が，顧客満足やロイヤルティに強い影響を与えることは直観的に明らかであるが，これについても実証実験などによって，科学的な検証がされてきた。

そして，Schneider & Bowen (1999) は，顧客感動がロイヤルティを促進する手段であり，感動した顧客は友人などにそれを推奨し，また高い料金でも継続利用する可能性が大きいと主張した。また，Berman (2005) は，顧客満足は必ずしもロイヤルティを生み出さないが，顧客感動はロイヤルティを向上させる傾向があると主張した。

前述したとおり，顧客満足度とロイヤルティとの間には，認知的満足よりも感情的満足の関連性が高く，さらに満足の度合いが極めて高くなければ，ロイヤルティは形成されない。顧客感動とは，感情的な満足であり，程度が非常に高い状態にあるため，ロイヤルティを向上させる傾向が強くなるのである。

② 観光動機

観光動機とは，人がその場所に行こうという意思を決めたり，行くという行動を起こす直接の原因を指す。そして，観光客の顧客満足は観光動機に大きな影響をうけ，仮に同じ経験をした場合でも，動機の違いによって顧客満足度が異なることが分かってきた。さらに Yoon & Uysal (2005) は，動機を顧客満足との関係のみならずロイヤルティへの関係にまで発展させた。

・Yoon & Uysal（2005）の実証実験

　Yoon & Uysal（2005）の実証実験とは次のようなものである。

　まず，来訪動機はプッシュ要因とプル要因に分類することができる。プッシュ動機とは，そもそも人間の心の中から，観光したいという衝動がおきてくる内面的動因をいい，プル動機とは外部から引きつけられる誘因・刺激をいう。

　プッシュ動機になり得るものとしては，新しさの探求や文化的教養の向上，リラックス希求など日常生活からの脱却，娯楽や他人との接触など社交性の享受を挙げている。これは，感動したい，癒されたい，新しい出会いが欲しい，学びたいというような内面から湧き上がる気持ちを指す。

　一方，プル動機になり得るものは，高品質の食事や宿泊，おもてなしの良さ，高いホスピタリティ，価格の適正性，交通利便性などの機能性の良さ，静けさなどの環境の良さ等を挙げている（図表5-8）。これは，テレビや雑誌で旅館のおいしそうな食事を見てその場所に行きたくなったような気持ちを指す。

　これらを前提に，キプロス島北部地域の観光客を対象とした実証実験をおこない，次のことを明らかにした（図表5-9）。

　・顧客満足は，観光地へ来訪するプッシュ動機，プル動機のいずれからも影
　　響をうける。・・・①

　・プル動機は，顧客満足へ影響を与えるもののロイヤルティへは直接作用し
　　ないが，プッシュ動機は，直接的にロイヤルティを高める。・・・②

　つまり，プル動機よりもプッシュ動機に働きかけた方が，ロイヤルティ獲得

図表5-8　プッシュ動機とプル動機

プッシュ動機	プル動機
新しさの探求	食事・宿泊の高品質や高いサービス
文化的高揚の向上	高いホスピタリティ
リラックス希求	価格の安さ，交通利便性
日常生活からの脱却	娯楽性
娯楽や他人との接触など社交性の享受	静けさなどの環境の良さ

図表５−９　動機に焦点を当てた顧客満足・ロイヤルティモデル

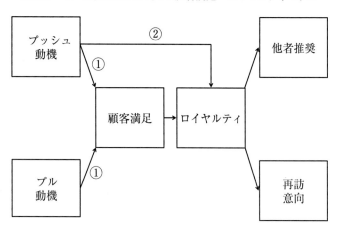

出所：Yoon & Uysal（2005）

につながりやすいということである。

　以上から次のことがいえる。観光地としては，感動したい，冒険したい，癒されたい，学びたいといった内面的欲求を喚起させるような仕掛けをおこない，それを動機として観光客が来訪するような策を講じることが，リピーター化や推奨行動（口コミなど）というロイヤルティを得るためには有効となる。

③　観光地イメージ

　これまでの研究によって，観光地が持つイメージも観光動機と同様に顧客満足度やロイヤルティに影響を与えることが明らかにされている。

　2000年半ば頃から，品質，価値，顧客満足度と企業イメージの関連についての研究がはじまり，企業イメージが良ければ，再購買意図につながる可能性が高くなることが示された。そして，観光地においてもイメージの重要性を明らかにするための研究がすすめられた。

　del Bosque & Martn（2008）は，観光客がもつ観光地へのイメージを出発点として，「イメージ → 満足 → ロイヤルティ」という形で捉えることができる

ことを主張している。

　Chi & Qu（2008）は，実証実験により観光地のイメージが，観光地全体の満足や，観光地を構成する個々の要素（宿泊施設や飲食施設）に作用すること，個々の要素の満足に作用するものは，それぞれの状況・状態であることを示した。

・Chi & Qu（2008）の実証実験

　Chi & Qu は，観光地のイメージを決定する要素として，安全，清潔，ホスピタリティの良さ，観光旅行環境の良さ，自然風物の良さなど自然環境の優秀さ，娯楽や催し物などがあること，歴史的文化遺産のあること，宿泊や飲食施設の優秀性，交通の利便性，リラックスできる雰囲気のあること，価格などの適正性，スポーツなどの屋外活動ができることを挙げた。

　また，個々の観光要素として，ショッピング施設，イベントや野外活動のための施設・宿泊設備，文化遺産などの観光資源，飲食設備，交通の利便性，環境を挙げている。

　これらを前提とした実証実験により，観光地のイメージと個々の観光要素の満足，観光地全体の満足，ロイヤルティの関係について，以下のことを見出した（図表5－10）。

　・観光地のイメージは，観光地全体の満足に対して肯定的な強い影響力を有する・・・①

　・個々の観光要素の満足は，観光地全体の満足に対して肯定的な影響力を有するが部分的なものにとどまる・・・②

　・観光地のイメージは個々の観光要素の満足に対して肯定的な影響力を有する・・・③

　・観光地全体には不満足でも，ある観光要素の満足によって当該観光地に対するロイヤルティを獲得できることがある・・・④

　・観光地全体の満足は当該観光地に対するロイヤルティに対し肯定的な影響力をもつ・・・⑤

　Chi & Qu（2008）のモデルでは，観光地のイメージがロイヤルティに直接影

図表5－10　イメージに焦点をあてた顧客満足・ロイヤルティモデル

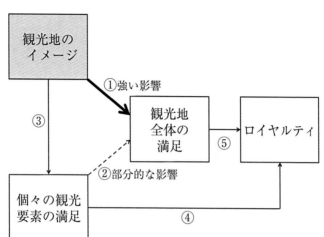

出所：Chi & Qu（2008）

響を及ぼすことはないものの，観光地全体の満足に強く影響し，個々の観光要素の満足も高めることが示された。観光地全体の満足や個々の観光要素をロイヤルティに結びつけるために，観光地のイメージを向上させることが重要になってくるのである。

（4）再来訪と他者推奨は異なる概念

　前述したとおり，お客様が再購買や再利用，もしくは他者への推奨行動（口コミや推薦）をとることを「ロイヤルティ」と呼ぶ。これは，一般的なサービスの場合，再購買や再利用と他者への推奨行動は概ね同じタイミングで行われ，その際の心理状態も同じであるとされたためである。

　しかし，観光の場合，再訪するけれど必ずしも人に薦めてはいない，または再訪することは無いけれど，他人には薦めたいということが発生する。つまり，再訪意向と他者推奨が発生するタイミングや心理状態が異なると考えられる。特に，顧客満足と再訪の関係より，顧客満足と他者への推奨行為との関係が強

いことは，容易に推察される。

　そのため観光においては，再来訪と他者推奨をロイヤルティという1つのものとして扱うのではなく，異なる2つのものとして扱うことが妥当であると考えられるようになってきた。

4——— 顧客満足・ロイヤルティモデルとは

　ここまで，ツーリズム・システム論モデル，動機に焦点をあてた顧客満足・ロイヤルティモデル，イメージに焦点をあてた顧客満足・ロイヤルティモデルの3つを紹介した。これらはいずれも顧客満足，動機，イメージ，ロイヤルティなどが，お互いにどのように関係しているかを図に示したものである。本書では，これらの図を総称して「顧客満足・ロイヤルティモデル」と呼ぶ。

　なお，顧客満足・ロイヤルティモデルの理解を深めるため，これらのモデルに共通する特徴，作成方法，活用に当たっての留意点などについて説明する。

（1）データに基づくモデルであること

　顧客満足・ロイヤルティモデル最大の特徴は，全てデータに基づいて策定されていることである。紹介したモデルのデータは，アンケート等で観光客から直接取得した情報が基になっているが，運輸機関，観光施設，宿泊施設などが所有するデータを利用することも考えられるだろう。近年ではモバイル機器の位置情報などの利用も可能になってきた。

　いずれにせよ，経験や勘，感覚で作られたものではない。実際のデータを使い，これまでの研究で得られた知見を活用し仮説を立て，検証しながら導いたモデルである。

（2）モデルの作成方法と留意点

　顧客満足・ロイヤルティモデルが，どのように作られるのか説明しておく。モデルを自ら作成することがなくても，作成方法を理解することは，モデルを

読み解き，今後の対策を考える際に有効となる。

① 仮説を立て検証する

　モデルの策定で最初に行うのは，仮説を立てることである。存在するデータを全て集め，そこから法則を導く方法もあるが非常に効率が悪い。先に仮説を立て，証明できそうなデータを集めることが現実的である。そして，データを分析し仮説と照合する。仮説が否定された場合は，別の仮説を立て検証する。これを繰り返していくことになる。

② 仮説の検証方法

　観光客が，満足すれば，また来てくれるという仮説を立てた場合を考えてみよう。来訪者に対して，A：満足したかどうか，B：再訪意向を持ったかどうか，の2つの質問をする。仮に100人に質問をして，A，B共に，YESと答えた人が50人，NOと答えた人が50人であったとしよう。Aの質問でYES（NO）と答えた50人全てが，Bの質問でYES（NO）と答えていれば，話は簡単であるが，実際にはAでYESと答えてもBでNO，AでNOと答えてもBでYESと答える人は一定程度必ず存在する。しかし，AでYESと答えた人の多くが，BでもYESであればAとBの間には関連性があると考えることができ，多少異なる回答があっても，満足した人は再訪意向を持つ傾向があると判断することになる。AのYESの多くが，BでNOであれば，マイナスの関連があると考えられる。またそれらの関連は強い場合と弱い場合がある。また，AとBの回答がバラバラであれば，2つの事象に関連性は無いということになる。

　AでYESと答えた人のどのくらいの割合が，BでもYESと答えれば関連性があるといえるのだろうか。これはデータ件数により異なる。データ件数が少なければ，偶然今回の調査においてそのような結果が出たという可能性を排除できないため，一致した割合が極めて高くなければ関連があるとは判断しにくい。データ件数が多ければ，一致の割合が，そこまで高くなくとも関連があると判断することができる。

③　結果の解釈について

　両者の関連性が見出されなかった場合，別の仮説を立てることになる。「顧客満足」「再訪意向」「他者推奨」の間に何らかの関連性があるに違いないという仮説を立てたとしよう。検証の結果，「顧客満足」と「再訪意向」の間および「顧客満足」と「他者推奨」の間には関連性が見いだせ，「再訪意向」と「他者推奨」の間には関連性が認められなかったとする。その場合，モデルは図表 5 － 11（A）で表記される。「顧客満足」と「他者推奨」の間に，「他者推奨」と「再訪意向」の間には関係が見いだせ「顧客満足」と「再訪意向」の間には関係が認められなかったとする。その場合，モデルは図表 5 － 11（B）で表記される。

　この場合，モデルの解釈が異なってくる。モデル（A）の場合は，顧客満足が再訪意向と他者推奨に直接作用するため，顧客満足度向上によって再訪が期待されると考えることができる。しかし，モデル（B）は，顧客満足が直接再訪意向に作用せず，他者推奨を介した関係が認められるだけである。そのため顧客満足度向上によって再訪を期待しても効果が小さいと考えることが妥当である。そのため，来訪者の口コミ等の推奨を活用して新規顧客を取り込む方が効果的であるとも考えられる。紹介した 3 つのモデルは，このようなプロセスを繰り返すことで作成されているのである。

図表 5 － 11　顧客満足・ロイヤルティモデル

（A）　　　　　　　　　　　　　　　　　　（B）

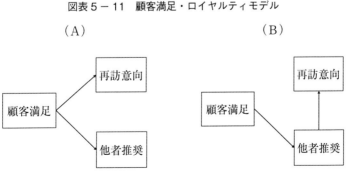

④ 顧客満足・ロイヤルティモデルの留意点

　数学において，AならばBであるという法則が発見された場合は，いかなる場合においても法則は成り立つが，社会学の法則は，それとは異なる。AならばBであるという意味は，AならばBになる傾向が相対的に強いことを意味しているに過ぎない。

　そして最も大切なことは，モデルをどのように解釈し，観光地の戦略に活用するかということである。

5 ── 顧客満足・ロイヤルティモデル作成事例

　筆者が某観光地にて実施した，顧客満足・ロイヤルティモデル作成について紹介する。顧客満足・ロイヤルティモデル策定の目的は，その観光地における顧客満足やロイヤルティの生成プロセスを明らかにする中で，観光客への対応策を考えることにある。ここでは，分析結果よりも，考え方やプロセスに留意して読んでいただきたい。

（1）モデル策定の概要

　調査対象とした場所は，川の上流の山岳地帯に位置しており，ありのままの自然が多く残されている。いくつかの観光スポットはあるが小規模であり，単独で強い集客力を持つものはない。温泉もいくつか存在するが，温泉地としての認知度は低い。立地は，新幹線停車駅から1時間以上かかるため手軽に行ける場所とは言い難い。

　当該観光地への来訪者を対象に，4月から翌年3月までの1年間にわたりアンケート調査を実施した。アンケート用紙を市内の主要な宿泊施設にて配布し，宿泊施設で回収または帰宅後郵送（観光協会宛て）とした。

　回答者総数は約700名，性別は男女ほぼ同数。年代については中高年者が若干多いものの，比較的各年代満遍なく分布している。

（2）モデル策定にあたっての仮説と結果

　顧客満足・ロイヤルティモデルを，2 段階で策定することとした。

①　第 1 段階モデル

　第 1 段階モデルは，観光地全体の顧客満足に，宿泊施設・飲食施設・物販施設各々の顧客満足が，どのように影響を与えているかを示すものである。宿泊施設の顧客満足が観光と全体の顧客満足に最も影響するだろうという想定はあったが，その程度について興味のあるところであった。

　結果としては，観光地全体の顧客満足と宿泊施設の顧客満足の間にのみ関連性が確認でき，その他の観光・飲食・物販施設については，関連性は見られなかった。つまり，当該観光地の満足は宿泊施設の満足でほとんど決定してしまうということである。この結果はあくまで当該観光地における結果であるが，他の観光地においても，宿泊施設に対する満足が，観光地全体の満足に強く影響する可能性への認識は必要である。

②　第 2 段階モデル

　第 2 段階モデルは，第 1 段階で生じた観光地全体の顧客満足に加え，観光地のイメージや来訪に至る動機などが，観光地への再訪意向や他者推奨へどのように影響を及ぼすのかを示すものである。

　調査に先立ち，イメージや動機の与える影響についての先行研究や現地でのヒアリングに基づき立てた仮説が図表 5 - 12 である。

・来訪動機は事前イメージ（観光客が来訪前に観光地に持っているイメージ）の
　影響を受ける・・・①
・観光地全体の顧客満足は，来訪動機，個々の観光要素の満足（今回の場合
　第 1 段階モデルの結果から宿泊施設の満足となる）および事前イメージの影響
　を受ける・・②③④
・事後イメージ（観光客が来訪後に観光地に持ったイメージ）は，事前イメージ

図表 5 − 12　第 2 段階モデル（仮説）

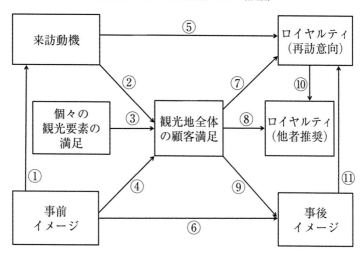

と観光地全体の満足の影響を受ける・・・⑥⑨
・ロイヤルティ（再訪意向）は，来訪動機，観光地全体の顧客満足，事後イ
　メージの影響をうける・・・⑤⑦⑪
・ロイヤルティ（他者推奨）は観光地全体の顧客満足とロイヤルティ（再訪意
　向）の影響を受ける・・・⑧⑩

　実際の調査の結果，策定したモデルが図表 5 − 13 である。図表 5 − 12 とは
かなり異なる結果となり，仮説の②④⑦⑧についての関連性は，アンケート
データからは見い出せなかった。

・来訪動機は事前イメージ（観光客が来訪前に観光地に持っているイメージ）の
　影響を受ける・・・①
・観光地全体の顧客満足は，個々の観光要素の満足の影響を受ける・・③
・事後イメージ（観光客が来訪後に観光地に持ったイメージ）は，事前イメージ
　と観光地全体の満足の影響を受ける・・・⑥⑨

図表 5 - 13　第 2 段階モデル

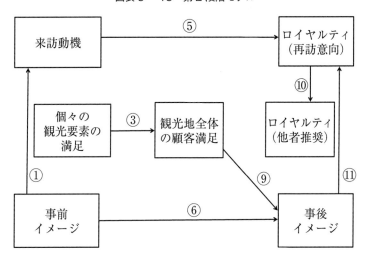

・ロイヤルティ（再訪意向）は，来訪動機，事後イメージの影響をうける・・・
⑤⑪

・ロイヤルティ（他者推奨）は，ロイヤルティ（再訪意向）の影響を受け
る・・・⑩

（3）結果の考察

　モデル策定を通じて，当該観光地については，次のことがいえるだろう。観
光地を形成する宿泊施設などの様々なサービス施設や観光資源に対する顧客満
足の積算が，単純に観光地全体の満足にはつながらない。観光地全体の満足度
に対して，観光者が利用した宿泊施設での満足度が与える影響は想像以上に大
きい。

　顧客満足は必ずしも直接的に再来訪意向や他者推奨につながるわけではない
が，観光客が抱く観光地に関するイメージの醸成に寄与する。そして，このイ
メージが良好であれば，再訪意欲が高まるだけでなく，それが口コミや SNS
などにより第三者に向けて発信されることで，受信者の当該観光地のイメージ

向上に役立ち，来訪動機を高める可能性がある。

6 —— 5章のまとめ

　5章では，観光地の顧客満足度向上やロイヤルティの獲得にむけ何をすべきかを考えるため，まずサービスと満足について科学的に捉え，顧客満足やロイヤルティの生成要因，それらの因果関係などについて解説してきた。またロイヤルティ獲得には，顧客満足度の向上のみならず，感動体験や，観光動機，イメージなどが影響することについて説明し，それぞれの顧客満足・ロイヤルティモデルを示した。

　観光地にはそれぞれ特性があり，核となる観光資源も異なるため観光客の属性も違ってくる。そうすると観光客の思考プロセスも変わり，顧客満足・ロイヤルティモデルも違ったものとなるのである。

　大切なことは，その地域の観光客が，地域に何を期待し，どのように考え行動し，どう評価しているのか，その傾向を地域として正しく把握することである。そのために，自らの地域の「顧客満足・ロイヤルティモデル」を策定することをお薦めする。モデルの策定に当たって，仮説を立て検証を繰り返す中で，その地域における顧客満足やロイヤルティ生成の特色やプロセスが明らかになり，自分たちがやるべきことが明確になってくるはずである。

—————— 第6章 ——————

地域の観光がサスティナブルであるために

　ここまで，観光による地域活性化の経緯などから課題を抽出し，その解決策を導くべく，日本の観光の変遷と旅行会社が果たしてきた役割やコロナ禍で生じた変化などを見てきた。また，顧客満足やロイヤルティに論理的，科学的に向き合うことの重要性について述べてきた。それらに基づき，第6章では，サスティナブルな観光を実現するためのポイントを整理する。

1 —— 事業の観点から

（1）商業的に成り立たせることが持続への第一歩

　サスティナブルツーリズムは，観光開発による環境汚染や自然破壊の反省から提唱された経緯があるため「自然環境に配慮した観光」というイメージが強い。確かに観光において，自然環境に配慮することは非常に大切なことであるが，地域はサスティナブルツーリズムを広い意味で捉えておく必要がある。

　特に，観光による地域活性化という目的においては「商業的に成り立たせていく」ことを第一に考えるべきであろう。商業的に成り立たなければ，観光資源の維持や後継者の育成などもままならず，将来にわたって観光を持続させていくことができないからである。

　そして，地域が，観光を商業的に成り立たせていくことを考えるにあたり，「現在のことだけではなく将来を見据える」「地域のことだけではなく周囲の人やモノ・コトに配慮する」の2点に留意しなければならない。ここで言う「人」とは，観光客，参画する全ての事業者，地域の住民を指し，「モノ・コト」とは，自然，環境，文化，伝統，歴史，産業など地域に関連する全ての事象を指す。

　つまり，地域は，観光客，参画する全ての事業者，地域の住民，地域の自然・環境・文化・伝統・歴史・産業の将来までを配慮する。この条件を満たしつつ，いかに利益を確保していくかを考えることが，持続可能な観光による地域活性化の第一歩となる。

　なお余談になるが，観光客も「現在のことだけではなく将来を見据える」「自分のことだけではなく周囲の人やモノ・コトに配慮する」ことに留意すべきである。つまり，観光客は地域の自然・環境・文化・伝統・歴史・産業を楽しむ際，観光の対象物のみならず，観光事業者や地域の住民の将来まで考えた配慮を忘れてはいけない。地域と観光客のいずれか一方に負荷をかけるものではなく，お互いが配慮し合える関係が理想的である。

（2）投資すべきところには投資する

　観光を「商業的にも成り立たせていく」ためには投資が不可欠である。例えば，「せとうちDMO」では当初，3,000億円を新たに生み出すため，1,000億円の投資が必要であるという試算に基づく事業の検討がされた。投資すべきところには投資をしなければ，成功につながるものではない。

　しかし，観光は国の重要な成長分野と位置付けられ，期待されているにもかかわらず，地域では積極的な投資がおこなわれていない傾向がみられる。

　この原因の1つに，高度成長期のハコモノ投資の反省（3章1（4）苦境に陥った観光地参照）の影響が考えられる。しかし，投資したこと自体が間違っていたのではなく，ハコ（観光施設等）を作れば，観光客は集まるという発想が間違っていたと考えるべきである。

　また，着地型観光において，地域のありのままの姿を観光資源とするため，新たに特別な投資をする必要がないという理解が広まったことも，投資が進まない原因の1つであると考えられる（2章2（2）観光学で礼賛された着地型観光参照）。しかし，着地型観光において，投資せずに成果が得られるような甘いものではなかったことは既に説明したとおりである。

　これからの地域の観光において，優先して投資すべきは，ハコではなく人である。地域の観光において人材への投資は明らかに遅れている。例えば観光振興の担当を，旅行が好きという理由で新入職員や臨時要員に任せてしまっているケースを見かける。旅行業務を実施するためには，旅行業登録が必須であり，登録要件として旅行業務取扱管理者の専任が求められる（その名義貸しを頼まれることがあるが，もちろん丁重にお断りしている）。

　観光のイベントなどでボランティアが動員されることも多い。地域の一体感の醸成のためのボランティアは構わないが，安価な労働力としてのボランティア募集は避けるべきである。適正な対価を伴わない労働力に頼る事業は持続しない。

　このような状況を改善するために，まずは，地域における観光振興の責任者を明確にすべきである。そのうえで，経験や知見を持つ担当者を専任させる。もちろんここでいう投資には，時間とお金をかけて人材を育成することが含まれる。最初は，スキルの有る人材を外部から確保することも必要であるが，中長期的には，むしろ人材育成の方が重要になってくる。これらの投資は惜しんではいけない。

　人材への投資と同様に重要なのが，設備のリニューアル，二次交通や駐車場の整備，わかりやすい案内表示の設置等の観光インフラへの投資である。コストが掛かるという理由で躊躇する地域が多いが，適正な投資は観光の質を高めることになる。そして，観光客は，高まった観光の質に見合う消費をしてくれることになるのである。

　また，見落としがちなのが，観光客がお金を落とすしくみ作りのための投資である。例えば，特産品を購入したくても，なかなか売っている場所が見つからない，やっと見つけたら売り切れや時間外だったということは珍しくない。観光客が求めるものを，適切に提供できる手段や方法，場所づくりへの投資を忘れてはいけない。

　これらにむけた適切な対応のためには，顧客ニーズを正しく把握するマーケティング力のある人材が必要となる。やはり，ここでも人材投資が必要になっ

てくるのである。

（3）単独ではできないことは連携により可能にする

　個々の力には限界がある。地域は，個々の力では成し得ない，連携することによって成し得ることの実現を追求すべきである。

　観光立国基本法には，「地域が一丸となって個性あふれる観光地域を作り上げ，その魅力を"自ら積極的に"発信していくことで，広く観光客を呼び込み・・・」（1章4参照）とある。この，"自ら積極的に"という言葉を，"外部を使わず自力で"と解釈するのは誤りである。全てを外部に任せてしまってはいけないが，地域が主体となったうえで，外部とは大いに連携すべきである（図表6−1）。

　また，地域は連携する事業者の得意分野を見極めることが重要である。例えば現在の旅行会社に期待すべきは，発想力や企画力，商品の造成力であり（3章3（2）参照），集客への過度な期待は避けるべきである（3章5参照）。

　広告代理店は，コンセプト作りやプロモーション戦略，シンクタンクや観光コンサルタントは，データ分析や他地域の事例情報の収集などが期待される分野である。

　ただし，連携に当たって注意すべき点がある。地域が連携先に重要な意思決定を委ねる場面を見かけることがあるが，それはNGである。特に彼らに観光や旅行業の経験や知見が無い場合，示された構想やビジョンが地域が考える方向性と異なっていたり，現実的な計画となっていないケースも見られる。重要かつ最終的な意思決定は地域自らの判断でおこなうべきである。

（4）観光において行政は当事者であると心得る

　地方自治体などの行政機関からよく聞かれる言葉は，「特定の事業者の利益になることに公費を使うのは難しい」「今は支援しているが，近い将来自走してもらわないと困る」等々である。原理原則としては間違っていないのだが，地域で観光に取り組む場合においては，必ずしも正しいとはいえない。

図表6－1　地域の連携

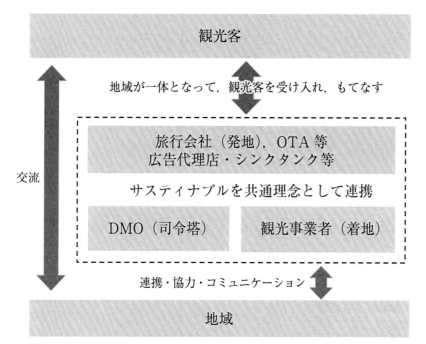

地域の観光は，地域全体を巻き込んだ装置産業であり，行政が主体的に判断しなければ前に進めない場面がある。また，観光は経済への波及効果が大きい産業である。一見特定の事業者の利益のように見えても，間接的に地域全体の利益となることが十分に考えられる。

さらに，本来であれば行政が実施すべき地域内のコンセンサス作りなどを，事業者が担っていることも多い。これらの業務にはコストが発生していることを行政は正しく認識し，それに見合う対価を支払う手段を考えるべきである。コストをかけずに何かをやろうとしても，それ相応の結果しか得られない（2章3（4）参照）。

観光において，地域全体を大きな企業と見立てるならば，行政は，最終的な意思決定者であり，DMO等は実行部隊の責任者，各事業者はその実行部隊と

考えることができる。行政は支援機関ではなく当事者と考えるべきである。

（5）情報発信にはアナログから最新の IT まで活用する

　従来，観光情報の主な入手手段は，ガイドブックやテレビの旅番組であったが，IT の発達により情報入手手段は多様化し，現在は大きく様変わりしている。

　特に若者においては顕著である。私事で恐縮であるが，ゼミ旅行の際，ガイドブックを購入した学生が一人もいなかったことに驚かされた。彼らの情報の全てが Web 上で入手されたものであり，特に SNS の情報を重視している。仮に若者をターゲットにするならば，SNS への対応強化は必須である。また，地域に愛着を持ったインフルエンサーがいれば面白い展開が考えられるであろう。

　自治体，DMO や観光協会，商工会等，それぞれが Web 上にサイトを持ち観光情報の発信をしているが，そのいずれもが中途半端であることが多い。多くの情報が重複している一方で，望む情報になかなか辿り着けない。地域が連携し，ワンストップで観光客の期待に応えるサイトが作られることが理想である。それが叶わないまでも，地域の関係者が発信する内容の方向性，コンセプト，コンテンツの中身について事前にすり合わせ，顧客ニーズに応えたもの，そして最新の情報にしておくことが望ましい。

　マスコミの利用については，波及効果が大きいため，機会があれば積極的に活用すべきである。しかし，マスコミ独自の解釈により地域の本当の思いが反映されなかったり，表面的な話題作りのためだけの取材には注意する必要がある。

　さらに新型コロナウイルス感染症対策の中で IT 化がさらに進化し，情報伝達手段が増加する可能性は十分に考えられる。常にアンテナを高くして，新しいものにはトライしてみることが求められるが，そのためには外部の専門家の積極的な活用を視野に入れるべきである。

2―― 発想の観点から

（1）一人でも多くの人にという発想から卒業する

　マスツーリズムにおいて最も重要なものは数であった。数の多さを求めることは決して悪いことではない。スケールメリットによる単価の低減や，情報の拡散や波及効果などが期待できるからである。観光に取り組む地域で，「一人でも多くの人に訪れてもらいたい」という言葉がよく聞かれるのはそのためであろう。

　しかし，「一人でも多くの人に」という発想には，危険が潜んでいる。この発想から生み出されるものは，不特定多数を対象とした，価格的には安価なもの，内容的にはお手軽な見栄えの良いものが志向される。最終的には，どこにでもある個性のないものとなり，価格競争に晒されることとなる。

　価格競争は観光の質を低下させ，持続させることが難しくなっていくのである。

（2）地域が来てほしい観光客を選ぶ

　数を求めるのでなければ，観光の質を高めていくことが王道である。そのためには，「一人でも多くの人に訪れてもらいたい」という発想から，「地域が来てほしい観光客を選ぶ」発想に転換させることである。

　地域には，地域の人が誇りとし，一般的には知られていないが一部に熱心なファンがいるような，いわゆる「知る人ぞ知る」魅力が存在する。そして，地域はこれらの魅力を本当に理解してくれる人にターゲットを絞るのである。

　仮に地域特有のコンテンツを提供した場合，コンテンツの魅力を理解できる人の方が，魅力がわからない人よりも，それらを質の高いものとして受け入れることは明らかである。

　また，これらの観光コンテンツを「一人でも多くの人に訪れてもらいたい」という発想で磨くことは難しい。逆に個性のないつまらないものにしてしまう

可能性がある。

　しかしターゲットを絞り，彼らの嗜好に特化していけば，磨く方法が見えてくる。今まで眠っていた多くの観光資源が目覚めるのではないだろうか。

　さらに，「地域が来てほしい観光客を選ぶ」という発想で磨かれた観光コンテンツは，他の地域との競合になる可能性は低い。ターゲットが十分に絞り込まれているので，他の地域が模倣することは難しい。

　例えば，他の地域が類似するコンテンツで，同じ嗜好を持つターゲットに対して仕掛けた場合，それは単なる競合になるというよりは，相乗効果が生まれたり，補完関係になることが考えらる。そのことが，さらに観光の質を高め，持続可能な観光となる。

3── 顧客満足の観点から

　サスティナブルな観光であるためには，地域が観光客に満足を与えること，そして観光客から受け入れられることが不可欠である。そのためには，地域が観光客の心理についてよく理解しておく必要がある。観光客の満足やロイヤルティ獲得にあたり，地域として認識しておくべきこと，注意すべきこと，取り組むべきこと等について主に5章で説明した理論から導かれるものを改めて整理した。

（1）観光客の期待を上回る

　観光地にとって重要なことは，観光客の期待を上回ることを目指し，観光コンテンツを磨き，サービスの充実度を高めることである。そのことが顧客満足度の向上につながることは言うまでもない。

　その際，期待はある程度高い方が，結果として顧客満足度は高まることが知られている（5章2（3）知覚矯正仮説参照）。そのため，観光客が少し高めの期待を持つような働きかけが有効である。観光地の実力を少し超える内容でのプロモーションや広告宣伝をおこない，観光地はそのレベルに到達するよう努力

するのが理想である。ただし，過大な宣伝等で期待を上げ過ぎると，観光客は実際以上に悪い印象を持つ。さらに悪い印象を持った時の口コミは，良い印象を持った口コミよりはるかに高い頻度で拡散される。このような失敗は，「がっかりさせる観光地」とされてしまうことになるため，十分な注意が必要である。

（2）本質サービスでの失敗は許されない

　本質的なサービスの失敗は，観光においても致命的である。例えば，体験ツアーを申し込んでいたのに，現地に行ってみたら準備がされていなかった，予め小さな子供がいる旨を伝えていたのに，その対応をしてもらえなかった，このようなトラブルは「代価として本来受けるべき本質サービスの欠如」となり絶対に避けなければいけない。

　これらの失敗は，観光客の顧客満足度がゼロとなり，観光地の評判を下げることはもちろんであるが，他のサービスで取り返すことが難しいという特徴を持つからである（5章2（3）満足の2元論と機能従属仮説参照）。

　特に，従来観光地でなかった地域が，新たに観光に取り組み始めた場合などで，このトラブルを見かけることが多い。来訪者が当然受け取ると期待している本質的なサービスが満たされないことは許されないのである。

　ちなみに「清潔で手入れの行き届いた状態」が，本質サービスか表層サービスかについて考えてみよう。コロナ禍で表面化したとおり，日本人にとって「清潔」とはごくあたりまえのことである。宿泊施設での部屋の埃，飲食店内の汚れによって，せっかくの観光がすっかり興ざめしてしまった経験はないだろうか。単に宿泊できることだけ，単に飲食できることだけを本質サービスと考えるのではなく，観光においては清潔で手入れの行き届いた状態そのものを本質サービスと考えるべきである。このような意識の持ち方が観光をより持続可能なものにするのである。

（3）出発前，帰着後のフォローを大切に

　顧客満足は，滞在中のみならず，出発前や帰着後の観光地の対応にも左右される（5章2（3）ツーリズム・システム論モデル参照）。

　出発前の丁寧かつ正確な情報提供は，観光客が準備をする局面での満足の向上につながる。例えば，観光地が，開花情報，積雪情報，天候などに関する24時間のライブ映像や，それらに係るお客様向けサービスを発信するケースも増えてきたが，これは旅行準備中の顧客満足度向上への取り組みの1つといえる。

　また，WEB上にコミュニティサイトを開設し，観光地での経験・感動を共有させるなど，帰着後も観光地での満足を風化させないしかけづくりも有効となる。これらの取り組みが観光地としての顧客満足度を向上させ，推奨行動というロイヤルティを生むこととなる。

（4）近隣地域に対してはリピーター化戦略，遠方は新規獲得戦略

　観光地にとっては，顧客満足の向上もさることながら，ロイヤルティの獲得が大切である（5章3（1）参照）。

　例えば，観光地では，全ての来訪者を対象として，施設の入場料の値引き，お土産プレゼントなどのキャンペーン等がおこなわれることが多い。これらにより，来訪者の顧客満足度向上はある程度望めるだろうが，リピーター化につながるかは甚だ疑問である。また，来訪者がキャンペーンを理由にその観光地を知人へ推奨するという可能性は考え難い。

　近隣地域の観光客に対しては，会員化や再訪を促すキャンペーンなどによるリピーター化戦略が有効である。しかし，遠方からの観光客のリピートは一般的には難しく，SNSでの推奨行動などを通じた新規顧客獲得戦略が現実的である（5章3（2）サービスや満足の種類とロイヤルティ形成との関係参照）。

（5）感動を与えることを考える

　ロイヤルティは中途半端な顧客満足では獲得できない。ロイヤルティ獲得に

大いに貢献するのは，観光客へ感動を与えることである。そして，その機会が多く訪れるのは，観光客が何かの体験をする場面であろう。着地型観光の成功事例といわれる南信州観光公社は，最初の農業体験の際，参加した生徒が泣き出す程の感動を与えたことが，その後のプログラムの継続につながった。観光客に感動を与えるのは必ずしも雄大な絶景や由緒ある歴史的建造物だけではない。地域が一体となって感動を生み出すことは十分可能である（5章3（2）顧客満足度とロイヤルティの非線形関係，5章3（3）顧客感動参照）。

（6）地域をあげてイメージアップに取り組む

　観光客から良いイメージを持たれることは，その観光地が持続していくために非常に重要なことである。観光客は，同様の経験をしても，事前に持っているイメージが良ければ観光地全体の満足度を押し上げることになるからである。

　観光客は，地域のイメージを様々な情報から醸成していく。例えば出発前のフォローに加え，駅を降りた瞬間の印象，現地で道を尋ねた際の住民の表情などによっても観光客のイメージは左右される。そのため，イメージの向上には，地域全体の一体感のある取り組みが不可欠である（5章3（3）イメージ参照）。

（7）内面からの観光動機に働きかける

　内面からの欲求による観光動機で来訪した観光客が満足を得た場合，その満足は観光地へのロイヤルティにつながりやすい。内面からの動機とは，外部からの刺激ではなく心の内側からこみ上げる気持ち，例えば，「感動したい」「冒険したい」「癒されたい」「新たな出会いがしたい」「現実から逃れたい」「学びたい」等の欲求をいう（5章3（3）観光動機参照）。

　これらの中で，特に学びたいという動機に注目したい。学ぶことは観光の動機になるだけでなく観光の質を高めることになるからである。これについては改めて，次項で説明する。

4── コンテンツ作りの観点から

（1）安全と快適性に配慮する

　観光業や旅行業は，安全であることが必須条件とされる産業である。例えば観光は，紛争や自然災害，感染症などで安全が脅かされたときに大きなダメージを受けてきた。つまり，観光は安全でなければサスティナブルなものにならないのである。

　例えば，着地型観光の元祖といわれた青森県五所川原市の「地吹雪体験ツアー」は，冬の雪原に強風で舞い上がる地吹雪のなか馬橇に乗る体験をするものであった。地域のありのままの姿を観光資源として活用していけば，危険なものや，快適とは言い難いものが登場するのは致し方ない。山間部の厳しい自然環境での体験ではなおさらである。これらを否定する意図はない。それは地域の魅力であり財産である。しかし，このような企画を実施する際には，できる限りの安全への配慮が必要となる。

　実際に山間部の古民家でおこなわれた紙漉き体験での出来事を紹介しよう。季節は既に寒くなっており，古民家であるから隙間風も吹き込む。その対策が話し合われたが，大勢を占めた意見は，「ありのままを知ってもらう」「それが嫌なら参加しなくてよい」というものであった。しかし，実施後の評価は残念なものであり，参加した子供の何人かが風邪をひいた。

　この場合，「ありのままを知ってもらう」と考えたことは間違っていない。問題は，対策が不十分だったことにある。山間部は非常に寒くなるということを事前に参加者に伝え，中には寒さ対策が不十分な人もいるだろうから，事業者は，最低限の防寒具など準備はしておくべきであった。成人のみの参加とするという選択肢もあったかもしれない。観光では，安全が必須条件なのである。

　また，観光では安全に加え快適であることも求められる。無論，来訪者の自宅での生活同様またはそれ以上の快適性を要求しているのではない。また，快適さを求めるために，地域の環境に負荷をかけたり地域の人々の生活に負担を

かけたりすることは避けなければいけない。しかし，与えられた条件の中でできる限りの快適性の提供を心掛けるべきである。

（2）本物であること

　本物であることに価値があることは，議論の余地はないだろう。しかし本物の定義は難しい。

　世界遺産の本物（真正性）について考えてみよう。従来は，創建当時のものがそのまま残っていることが本物であると考えられていた。エジプトのピラミッドや，ヨーロッパの石造りの聖堂などは，創建当時のものが残っていることが多く，この定義でも特に問題にはならない。しかし，日本にみられる木造の建造物や，アフリカなどでみられる土や泥で作られたものは，創建時のままの状態を保つことは困難である。世界最古の木造建築といわれる法隆寺も，現存のものは火災で焼失後再建されたものであり，創建当時のものではない。

　そのため現在では，世界遺産における真正性について，「主に文化遺産に求められる概念であり，建造物や景観がそれぞれの文化的背景の独自性や伝統を継承していること，そして，修復の際には創建時の素材や工法・構造などが可能な限り保たれている必要がある」と説明されている。

　「可能な限り保たれている」ということは，保つための正しい対策が講じられたものは本物であるという判断である。

　地域の観光資源について世界遺産の真正性の定義を持ち込めるものではないが，考え方の方向性は合わせおいた方が良いだろう。世界遺産の「建造物や景観がそれぞれの文化的背景の独自性や伝統を継承している」とまではいかないまでも，「地域の歴史や文化，気候や風土・風習に馴染むもので，地域の観光資源と呼ぶに違和感がなく，その存在が地域の人の多くに知られ，愛されている」ということは考えておきたい。「修復の際には創建時の素材や工法・構造などが可能な限り保たれている」の部分について，「地域が真剣に取り組む」ということは最低限必要である。

　例えば着地型観光の事例で紹介した，出石の町並みも，皿そばも，実際には

戦後になって復元されたものである（2章2（4）兵庫県出石のまちづくり公社参照）。しかし，これを偽物だと思う人はいないはずである。本物として今後も来訪者に感動を与え続けるだろう。

5── 学びの観点から

（1）学びは観光の質を高め，観光の動機をつくる

　地域の人が地域に誇りを持つこと，これをシビックプライドと呼ぶ。地域の人が誇りを持てないものが来訪者の心をひきつけることは難しい。そしてシビックプライドを生むためには，地域の学びが非常に重要になってくる。学びがなければ，観光資源は目に見える表面的なものに限られ，多くの地域が自分たちにはこれといった観光資源が無いと嘆くことになる。学ぶことが，新たな観光資源の発見や観光資源を磨くことにつながるのである。

　どこの地域にでも必ず存在し，観光資源になり得る，食，神社，寺院の3つをテーマに，学びを観光資源の価値向上に生かす方法について考えてみよう。

（2）学びを観光にどのように生かすか

① 食

　一般的に，野菜の名前と，それが地域の特産品であることは知っていても，特産品となった歴史的な由来，気候や土壌との関係，他地域のものとの違い，特徴を生かした調理方法までは知らないことが多い。

　野菜に限らず農産物や水産物は，その土地の気候や風土と密接に関連している。またそれらを使って作られる料理は，地域の文化や風習の影響を受けることが多い。地域の気候や地質・地形，海流などを知らなければ，その関係はわからない。そこまで掘り下げ，地域の食から，地域の魅力が垣間見えてくるようなものを発見したい。

　金丸（2018）は，食のブランド化にあたって，食のテキストを作ることを推奨している。食のテキストとは，農産物または海産物の歴史，文化，環境，品

種，栽培法，栽培の履歴，収穫量，栄養価，出荷法，食べ方までをきちんと現場から調べて特徴を明確にしたものである。これによって，安全な食品であることが相手に伝えられ，個性や特徴が明確になり，環境に良いことも具体化され，似たような食品との差別化ができることを指摘している。

　ここで，神奈川県の三浦半島での食のプロジェクトを紹介しよう。

　三浦半島で最も有名な食材は，三崎のマグロであろう。また，全国区ではないものの三浦大根，スイカ，キャベツ，みかんなどが知られている。

　その三浦半島で，「三浦半島はイタリア半島」というプロジェクトが実施されている。これは横須賀市在住の料理研究家である長谷川理恵氏が発案したもので，プロジェクトの名前は，イタリア半島も三浦半島も東・西・南の3方を海に囲まれ，地形が似ていることに由来している。イタリア半島がロングブーツなら，三浦半島はさしずめショートブーツといったところである。

　これだけ聞くと一見こじつけのように思えるネーミングであるが，次のような意図があった。三浦半島とイタリア半島は，地形が似ているが故に，気候のみならず土壌も似ており，実際に三浦半島では質の良い高級なイタリア野菜が多く生産されているのである。その多くは都内の高級レストランで消費されているが，地域外の人はもちろん地域内でもあまり知られていない。そこで，イ

図表6-2　三浦半島とイタリア半島の形

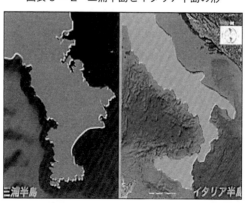

出所：著者撮影

図表6－3　三浦半島のイタリア野菜

出所：三浦半島百貨店ホームページ

タリア野菜を地域の魅力として発信し，まず地域の人に知ってもらい，地域外の人には，それらを使った料理を食べに三浦半島へ来てもらうことを考えたのである。

　同プロジェクトの主な活動内容は，三浦半島内の飲食店に三浦半島の食材を使ったメニューを作ってもらうこと，飲食店に食材を提供する生産者を WEB や地域情報誌などの媒体を使って紹介し，生産物に対する思いやストーリーなどを語ってもらうこと，生産者と飲食店と消費者をつなぐためのミーティングの開催などである。現在は，横須賀市や神奈川県の協力も得て，活動を拡大している。

②　神社

　神社は全国に8万以上存在しているといわれており，地域の観光資源になる可能性が高いものである。しかし，神社の知識が無ければ，観光資源にまで高めるのは難しい。単なる数ある神社の1つにしかならないだろう。

　神社に祀られている神様（主祭神）の名前を知っていても，日本書紀や古事記の神話を知らなければ，祀られている神様がどういった神様なのかわからな

図表6－4　淡路島にある伊弉諾（イザナキ）神宮大鳥居

出所：淡路島日本遺産ホームページ

い。神話を知れば，その土地にその神様を祀る理由や神社のいわれなどから，色々な物語が見えてくるのである。

　例えば，古事記では，最初に「国生み」神話が登場する。伊弉諾尊（イザナキ）と伊邪那美（イザナミ）が，日本の国土を生んでいくのであるが，最初に生んだのが淡路島とされている。

　この神話に着目した淡路島は，国生みの島としての活動を続けた。そして，2016年，「古事記の冒頭を飾る国生みの島・淡路～古代国家を支えた海人の営み～」というタイトルで日本遺産に認定されるに至った。

　ここで，古事記の上つ巻（神話編）の大まかなストーリーについて紹介しておこう。

　古事記は「国生み」神話の後，天照大御神（アマテラス），素戔嗚尊（スサノオ）の誕生へと続く。天照大御神（アマテラス）には，岩屋戸に隠れ世の中が暗黒になったという「天岩屋戸（アマノイワヤト）」の神話，素戔嗚尊（スサノオ）には，「八俣大蛇（ヤマタノオロチ退治）」の神話がある。

　その後，神話は大国主命（オオクニヌシ）の「国造り」へと進むが，「因幡の白兎」はその時の物語である。大国主命（オオクニヌシ）は，自らが作った国

図表6－5　神話と登場する神々の系譜

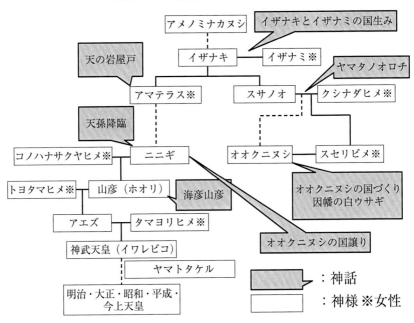

　を天照大御神（アマテラス）の子孫である邇邇芸命（ニニギ）に譲ることとなる。
その時のことが記されているのが大国主命（オオクニヌシ）の「国譲り」の神
話である。その際，天上から邇邇芸命（ニニギ）が下界（譲られた国）へ降り立
つ場面が「天孫降臨（てんそんこうりん）図」として描かれている。

　邇邇芸命（ニニギ）の子が「海彦山彦」の物語に登場する山彦であり，その
孫が，初代神武天皇（イワレビコ）である。神武天皇以降のことは，古事記の
中つ巻，下つ巻に書かれており，第33代推古天皇までの歴史が綴られている。
そして，推古天皇以降，現在の今上天皇までつながっていくのであるが，神話
が現実の歴史とつながっているのは，世界中を見渡しても他に類はなく日本固
有のものである。

　その地の主祭神が系譜のどこにあたるかを知ることで，神秘的な神話の世界
に思いを馳せることができる。観光客が事前にそれを知ることができれば，彼

らの知的好奇心をくすぐり，それがプッシュ動機になることが期待できる。

③ 寺院

　寺院も全国に約8万存在している。仏教の宗派は，江戸時代に13宗派と定められたが，宗派により明らかな違いが見られる。経典，本尊，救いについての考え方，建物の様式や醸し出す雰囲気が異なる。それらを知ることで各々個性のあるものに見え，歴史的背景などへの学びのきっかけになるのではないだろうか。13宗派について簡単に説明しておこう。

仏教13宗派

分類	宗派
奈良仏教系	法相宗，華厳宗，律宗
密教系	天台宗，真言宗
浄土教系	融通念仏宗，浄土宗，浄土真宗，時宗
禅宗系	臨済宗，曹洞宗，黄檗宗
日蓮系	日蓮宗

　例えば，奈良の唐招提寺や興福寺，薬師寺，東大寺などを見て，開放的で明るいと感じたことはないだろうか。それは，これらがいずれも奈良仏教系の寺院であり中国から伝わった釈迦の教えを学ぶ場として創建された経緯を持つからである。そのため釈迦如来が中央に安置され，境内には学びの場となる大講堂が作られる。

　真言宗の本山である高野山が神秘的に見えるのは，言葉にできない秘密の教えを厳しい修行によって追求する密教であることが影響している。中央に安置されるのは大日如来である。

　浄土教系は，民衆のための仏教として拡がったので，修行や読経は求められず，念仏を唱えるだけで救われるといったものが多い。時宗の踊り念仏は，盆

図表6－6　明の建築様式をもつ萬福寺

出所：著者撮影

踊りのルーツといわれる。

　鎌倉には禅宗系の寺院が多い。鎌倉時代，武家社会の間に座禅による精神修養が広く受け入れられたためである。

　桜の名所として知られる京都の萬福寺は，中華風の建築物が広がり，我々が普段目にする寺院とは全く異なる雰囲気を醸し出している。萬福寺は，江戸時代になって中国（明）から伝来した黄檗宗の本山である。

　神社と寺院には，地域の歴史や文化の痕跡が残されていることも多い。それを発見するために，神社であれば，主祭神と日本書紀や古事記に出てくる神様との関係，寺院であれば仏教の宗派とその特色などは学んでおいていただきたい。

　その中から，今まであまり知られていなかった興味深い何かを発見できれば，地域の有力な観光資源とすることが可能になる。そこで糸口が見つかったら，そこからさらに学びを深めていけばよい。表面的な学びにとどまらず，興味を持って広く深く学び，地域に浸透させることが，地域の活性化につながるのである。

④　地域が学ぶ

　観光事業に関わる当事者が学ぶことは当然であるが，それだけではなく地域全体での学びも重要になる。これは地域を活性化していくためには不可欠なことであり，そのためには，地域住民を対象とした勉強会の開催などが有効である。

　前述の淡路島でも，地域の人に歴史や文化を知ってもらうことと，地域を担う人材の育成を目的に，市民講座「淡路島くにうみ講座」が定期的に実施されている。講座には「天上の虹」や「古事記」などの古代を描いた作品を多く手掛ける漫画家，里中満智子氏を招くなどの工夫が凝らされている。地域にまつわる歴史や文化を地域全体の財産として捉え，学び受け継いでいくことが地域の持続につながるのである。

⑤　学びを観光客の動機につなげる

　観光客がその地域について学ぶことは，観光客の強いロイヤルティ獲得につながる可能性が高い（5章3（3）観光動機参照）。

　学ぶことで地域に深い興味を持ち，それが地域への事前の良いイメージを醸成し強い観光動機となる。現地に行ってさらに学びが深まると感動も大きくなる。それが事後のイメージをさらに良化させ，再来訪や他者への推奨というロイヤルティにつながる。逆に学びが少ない場合，表面的な満足や一過性の満足にとどまる。その地域に対して，再来訪につながるほどの満足を得ることは難しいだろう。

　つまり，重要になるのは，地域が学んだ情報を発信し，興味を持った人がさらに学び伝播させるという流れを作ることである。このステップまで進めば，リピーター化にもつながる可能性が大きくなる。

　しかし残念ながら，現状では地域から発信されている観光情報は表面的なものが多い。せっかく地域での学びが進んでいるにもかかわらず，その内容が十分に発信されていないことも多い。これは，一般的に知られていないような難しい情報を発信しても，ほとんどの人が興味を示さないと地域が思い込んでい

るからではないだろうか。情報は不特定多数に発信するものではない。「地域が来てもらいたいと思う人」に伝わればよいと考えることである。

⑥　事例（横浜市金沢区）

　最後に，横浜市金沢区について，関東学院大学でおこなっている学びの事例を紹介しておこう。同校の所在地である横浜市金沢区の，ある周年事業のプログラムとして，筆者が担当する観光ゼミナールの学生が，金沢区の歴史の中から観光資源となるものを調べ，市民向けのセミナーの中で発表するという機会があった。

　最初の学生の反応は，金沢区には発表できるようなものは何もない，都心から離れたベッドタウン，観光資源は八景島シーパラダイスしか思いつかない・・・等々であった。

　横浜市金沢区は横浜市の中で最も南に位置しており，東京駅からは電車で1時間強の場所にある。高度成長期には首都圏のベッドタウンとして発展してきたが，近年の全国的な人口減少と都心への一極集中化の流れの中で，2007年頃から人口減少が始まっている。学生の理解は間違ってはいないようにもみえる。

　しかし，調べていくと様々な発見があった。区内には京浜急行が走っており，駅名は，能見台，金沢文庫，金沢八景，六浦などである。駅名を見ただけでも何かありそうである。

・六浦（むつうら）と朝比奈の切通し

　現在の横浜市金沢区に該当する場所は，鎌倉時代には六浦荘と呼ばれていた。そして六浦荘の津（船着き場）は，鎌倉の外港として重要な機能を担う場所であった。鎌倉の海は外海に面しているため波が高く遠浅である。そのため鎌倉の港には大きな船を着けることはできず，船を沖合に泊め港まで小舟で輸送する方法がとられたが，効率が悪く大変危険であった。一方，六浦荘の津は，東京湾内にあり，さらに入江に入っているため波が少なく，水深もあり大きな

船でも接岸できる良港であった。

　そこで鎌倉幕府は，大きな船は全て六浦荘の津に着けることとし，六浦荘の津と鎌倉を陸路でつないだ。その間に切通しが作られたが，その場所の地名から朝比奈の切通しと呼ばれた。朝比奈の切通しは，物資の輸送のため，馬が通れる幅の広い傾斜の少ないものとなった。六浦荘は，鎌倉時代，流通の拠点として栄えていたのである。

　多くの切通しが閉鎖され，また舗装され一般道に変えられる中，朝比奈の切通しは，ほとんど当時のままの状態で残されており価値のあるものである。六浦荘の津には，唐からの船も往来していた。ある時当時としては大変珍しく唐船が3艘も同時に寄港したことから，この辺りの海岸は三艘（さんぞう）と呼ばれるようになった。現在でも六浦駅近くにはその地名が残されている。

図表6－7　鎌倉世界遺産登録に向け作成された朝比奈切通しのパンフレット

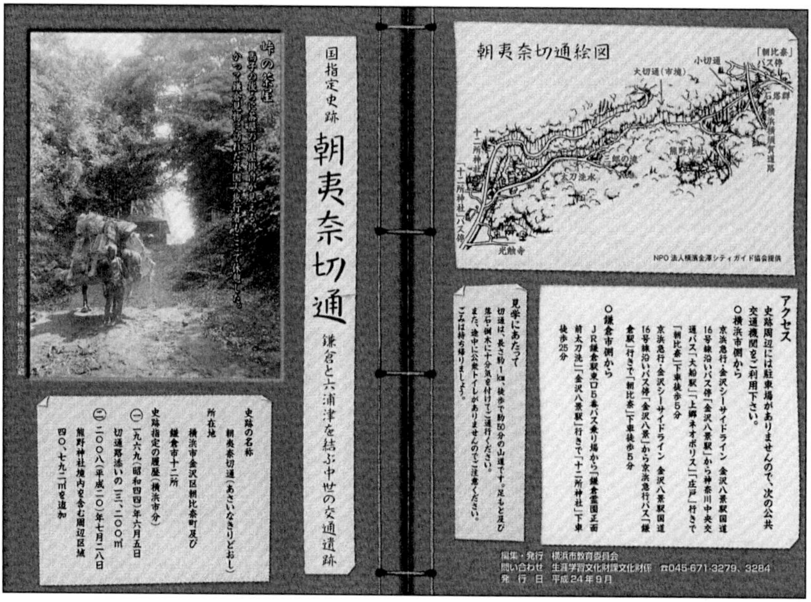

出所：著者撮影

・称名寺と金沢文庫

　当時，六浦荘の周辺には，大変美しい景観が広がっており，鎌倉幕府３代将軍実朝は，六浦荘を見下ろす金沢山の中腹に屋敷と寺院（称名寺）と書庫を建てた。書庫は火災による消失を避けるため屋敷や寺院から隧道（トンネル）を隔てた反対側の谷戸に作られ，火気については厳重に管理された。この書庫が金沢文庫という地名の発祥となった。金沢文庫には，鎌倉幕府滅亡後も古文書なども数多く保管され，現在は歴史博物館・県立金沢文庫として鎌倉・南北朝時代を中心に，国宝を含む美術品や古文書などが展示されている。

　鎌倉は当時政治の中心であったため，度々戦火に見舞われた。そのため鎌倉に残る寺院や仏像などの大半は一度焼失し江戸時代以降に再建されたものである。しかし称名寺や金沢文庫は，鎌倉から朝比奈の切通しを隔てた地にあったことが幸いし戦火を逃れることができたため，当時のものが多く残されている。参道の突き当りの仁王門には，鎌倉時代に造られた高さ４mの大きな仁王像が残されている。本尊の仁弥勒菩薩も創建当時のもので国指定重要文化財となっている。

図表６－８　称名寺　　　　　　　　図表６－９　県立金沢文庫

出所：横浜市ホームページ　　　　　出所：横浜金沢観光協会
　　　　　　　　　　　　　　　　　　　　ホームページ

・観光地として発展した金澤

　鎌倉の外港として栄えた六浦荘は，鎌倉幕府の滅亡と共に寂れていったが，江戸時代になると「金澤の地」と呼ばれる景勝地として再び活気が戻ってきた。

金澤～江の島～鎌倉コースは特に人気が高かったようである。

　1674年には水戸光圀が，房総から船で金澤に上陸し，称名寺を経て鎌倉から藤沢へ旅した記録が残されており，その時の経験を基にした，「新編鎌倉志」が作成されている。また，今の旅行ガイドブックにあたる「江戸名所図絵」にも金澤の地が紹介されているが，旅籠屋や料理屋が立ち並び大いに賑わっていた様子が描かれている。

・歌川広重の金澤八景図

　金沢八景とは「洲崎晴嵐（すさきのせいらん）」「瀬戸秋月（せとのしゅうげつ）」「小泉夜雨（こずみのやう）」「乙舳帰帆（おっとものきはん）」「称名晩鐘（しょうみょうのばんしょう）」「平潟落雁（ひらかたのらくがん）」「野島夕照（のじまのせきしょう）」「内川暮雪（うちかわのぼせつ）」の8つの風景を指す。中国から渡来した高僧が，この地の眺望の美しさを中国湖南省の瀟湘八景（しょうしょうはっ

図表6－10　金澤八景図「小泉夜雨」

出所：国立国会図書館蔵

けい）に，なぞらえたことが始まりであるといわれている。そして，絵師であった歌川広重が，海，山，島，木々，舟，人などを題材に四季折々の八景を描き，江戸のまち中に広めたのである。

・世界遺産登録の動き

神奈川県，横浜市，鎌倉市，逗子市の4県市が2013年に「武家の古都・鎌倉」として世界遺産登録した際，その構成要素として朝比奈の切通しや称名寺も含められていた。残念ながら登録はかなわなかったが，登録に向けた取り組みは現在も続けられている。

学生が，何もないと思っていた地域でもこれだけの発見があった。そして，この学習によって，学生の横浜市金沢区に対する印象が変わってきた。

地元の学生の多くからは「20年近く住んでいたが全く知らなかった」「もっと早く知りたかった」，地方から来た学生からは「大学の立地には少しがっかりしていたけど良いところに来たことがわかって嬉しい」「地元の友達を呼んでもいいかな」等の声が聞かれた。

金沢区に住みたいと思い始めた学生も出てきたようである。「単なるベッドタウン」という思いから遠く感じた都心への距離も，鎌倉時代の本物が鎌倉よりも現存する歴史のまちだと思えば印象も変わってくる。

現在，金沢区の魅力を多くの人に知ってもらうべく，NPO法人横浜金澤シティガイド協会が中心となり，まちあるきや市民講座を開催している。また，同協会の会長を永らく務めた林原泉氏は，それまでの研究や調査の結果が失わ

れないよう『金沢八景史』に纏めた。これからの更なる展開が期待されるところである。

コラム4 Column　旅，旅行，観光という言葉の意味

旅，旅行，観光の意味の違い

　本書では，旅，観光，旅行という言葉が頻繁に登場する。読者の皆様はそれぞれの言葉を無意識のうちに使い分けているのではないだろうか。これらの言葉は学問的にも厳密な定義がないとされているが，それぞれの言葉の意味について確認してみよう。

　まず，旅，旅行，観光という言葉を広辞苑第6版で調べてみた。

　「旅」住む土地を離れて，一時他の土地に行くこと。旅行。古くは必ずしも遠い土地に行くことに限らず，住居を離れることをすべて "たび" と言った。

　「旅行」徒歩または交通機関によって，おもに観光・慰安の目的で，他の地方に行くこと。たびをすること。たび。

　「観光」他の土地を視察すること。また，その風光などを見物すること。観風。

　これらを比較すると，旅は，基本的には移動するという行為を指しているが，移動の目的については特に考慮していない。旅行も，基本的には移動するという行為を指しているが，移動の目的を観光・慰安など，ある程度限定している。観光は，他の土地での行為を指しているが，移動の意味も含まれる。

　つまり，「旅に出る」「旅行する」「観光に出かける」のいずれも，多くの場合，同じ意味と考えて差し支えない。

　しかし，厳密には，移動に重きが置かれているときは「旅」や「旅行」，行った先での行動に重きがおかれる場合は「観光」を使う。そのため，観光・慰安などの目的で，人を移動させることを主たる業務とする会社は旅行会社と呼び，観光会社というと，宿泊施設や観光施設，物販店，観光地でのリフトやケーブルカーなどを運営する会社という印象になる。さらにいうと，古代人が食料を求めて移動することを，「たび」と呼ぶのはしっくりくるが，旅行というには違和感がある。それは食料を求めるという目的が，観光・慰安とはかけ離れているからである。

観光という言葉

　観光という言葉の歴史は意外と浅い。語源は，中国の『易経』の「観国之光　利用賓于王」（国の光を観るは，もって王の賓たるによろし）にある。「国の光を観る」とは，「他国の良いところを視察する」ということであり，それが転じて「他国を旅して見聞を広める」の意味となった。

　日本で観光という言葉が使用されたのは，1855年（安政2）にオランダより徳川幕府に寄贈された木造蒸気船2隻のうちの1隻に「観光丸」と名づけたのが最初である。その意図は，国の威光を海外に見せるということであったといわれている。明治になると，日本の政府が外国から来る人を，「外国人観光客」と呼ぶようになり，これを機に「観光」という言葉が広まることとなった。さらに，大正に入ると，アメリカ移住団の祖国訪問に際して新聞紙上で「母国観光団」として報道されたこともあり観光という言葉が次第に一般化してきた。そして，日常的な言葉として広く使用されるようになったのは昭和初期以降である。

　日本観光協会では，観光を，「自由時間のなかで生活の変化を求める人間の基本的な欲求を満たすための行為のうち，日常生活圏を離れ異なった環境のもとで行われる行動」と定義している。これを，広辞苑での解説と比較してみよう。「他の土地」が「日常生活圏を離す異なった環境」となり「視察，見物」が「自由時間のなかで生活の変化を求める人間の基本的な欲求を満たすための行為」に書き変えられており，観光を広く捉えていることがわかる。そして現状，従来では観光と考えられなかったような，新しい様々なタイプの観光が生まれてきているのである。

主な参考文献

Anderson, Eugene W. & Sullivan, Mary W.（1993）"The Antecedents and Consequences of Customer Satisfaction for Firms" *Marketing Science*, 12-2

アトキンソン，デビット（2015）『新・観光立国論』

Berman, B.（2005）"How to delight your customers" *California Management Review*, 48(1)

Butler, R.（1999）"Sustainable Tourism" Tourism Geographies, 1-1

Chi, C. G. & Qu, H.（2008）"Examining the structural relationships of destination image, tourist satisfaction and destination loyalty: An integrated approach" *Tourism Management*, 29

del Bosque, I. R. & Martn, H. S.（2008）"Tourist satisfaction: a cognitive-affective model" *Annals of Tourism Research*, 35

藤村和宏（2006）「顧客満足とロイヤルティの関連性についての論理的考察」『香川大学経済論叢』, 79(2)

久繁哲之助（2010）『地域再生の罠』ちくま新書

古川一郎（2011）『地域活性化のマーケティング』有斐閣

林原泉（2019）『金沢八景史』神奈川新聞

井門隆夫（2005）「観光・旅行分野における顧客満足度調査について」『オペレーションズリサーチ：経営の科学』, 50(1)

金丸弘美（2018）『地域の食をブランドにする』岩波書店

観光経済新聞　新型コロナウイルス感染症関連記事

小林淳一・十代田朗・武井裕之・三浦知子（2011）「第3種旅行業者による地域資源を生かした着地型観光商品造成の取組に関する研究」『観光研究』, 23(1)

南智恵子（2012）「サービス品質と顧客満足」『流通研究』, 14

村上慶輔（2020）『観光再生』プレジデント社

内藤錦樹（2009）『観光活性化のマネジメント』同文館出版

Neal, J. D. & Gursoy, D.（2008）"A Multifaced Analysis of Tourism Satisfaction"

Journal of travel Research 2008

尾家建生・金井萬造（2011）『これでわかる！着地型観光〜地域が主役のツーリズム』学芸出版

大橋昭一（2009）「最近における観光客満足理論の諸類型―観光経営論の基本概念の考察」『関西大学商学論集』，54(1)

大社充（2008）『体験交流型ツーリズムの手法　地域資源を活かす着地型観光』学芸出版

大社充（2013）『地域プラットフォームによる観光まちづくり』学芸出版

大澤健（2010）『観光革命　体験型・まちづくり・着地型の視点』角川学芸出版

才原清一郎（2015）「観光地を対象とした顧客満足モデルの提言」『余暇ツーリズム学会誌』，2

才原清一郎（2015）「観光客視点からの着地型観光の課題の考察」『日本国際観光学会論文集』，22

才原清一郎（2019）「観光地を対象とした顧客満足・ロイヤルティモデルの構築」『余暇ツーリズム学会誌』，6

佐々木一成（2011）『地域ブランドと魅力あるまちづくり―産業振興・地域おこしの新しいかたち―』学芸出版

佐竹真一（2010）「ツーリズムと観光の定義―その語源的考察，および，初期の使用例から得られる教訓」『大阪観光大学紀要』，10

Schneider, B. & Bowen, D. C. (1999) "Understanding customer delight and outrage" *Sloan Management Review*, 41

関山博・遠山浩（2007）『「食」の地域ブランド戦略』新評論

嶋口充輝（1994）『顧客満足型マーケティングの構図』有斐閣

島川崇（2002）『観光につける薬』同友館

島崎哲彦（2006）『社会調査の実際―統計調査の方法とデータの分析』学文社

鈴木敏博（2015）『稼げる観光』ポプラ社

竹田恒泰（2011）『現代語古事記』学研プラス

十代田朗（2010）『観光まちづくりのマーケティング』学芸出版

徳江順一郎（2013）『ソーシャル・ホスピタリティ』産業能率大学出版

山田雄一（2014）「観光動機がロイヤルティに及ぼす影響」『観光研究』，26(1): 3-8

山田雄一（2014）「我が国観光地に適したロイヤルティ構成モデルの検討：既往の構成モデルを基盤として」『観光研究』，25(2)

安田亘宏・才原清一郎（2011）『食旅と農商工連携のまちづくり』学芸出版余暇ツーリ
　ズム学会（2019）『おもてなしを考える―余暇学と観光学による多面的検討―』創文
　企画

Yoon, Y. & Uysal, M.（2005）"An examination of the effect of motivation and satisfac-
　tion on destination loyalty: a structural model" *Tourism Management*, 26

あとがき

　筆者は，大学の教壇に立つ傍ら観光コンサルタントとして，色々な地域で，観光による地域活性化に取り組む方々の姿を見てきた。

　そこでわかったことは，現場での大変な努力に反して期待したような成果が出ないことである。その理由を考えていく中で，サスティナブル（持続可能）な観光についての理解が，人によって，また地域によって異なり，それが地域内外の連携やコンセンサス作りを阻害していることに気づかされた。サスティナブルな観光という概念は抽象的でわかりにくい。またサスティナブルな観光による地域活性化への取り組みは，日本では比較的新しい取り組みであり，具体的なお手本となる事例も少ない。地域の方々が苦労されるのも無理からぬことと感じる。

　そのため，本書ではサスティナブルな観光による地域活性化というものをわかりやすくお伝えすべく，可能な限り専門用語を使うことを避け，平易な表現をすることに努力した。また，いわゆる必勝法を示すものではないが，これだけは絶対にやってはいけないということについては，かなり具体的に提示したつもりである。本書で過去の失敗について多く触れているのは，それらを批判するのではなく，同じ失敗を繰り返すことなく成果に結びつけてほしいという意図である。そして，本書で述べたことが少しでも地域の役に立つことができれば幸いである。

　なお，サスティナブル（持続可能）な観光の推進のため，2007 年にグローバル・サステイナブル・ツーリズム協議会（GSTC）が発足しており，同協議会（GSTC）は，持続可能な観光地の基準を定めている。

　この基準は，地域全体としての基準であり，事業者に求められる基準ではな

い。基準は，持続可能な観光地のマネジメント，地域経済への貢献，文化遺産の保護，自然遺産の保護の4つのカテゴリーに分類され，カテゴリー毎に責任の所在の明確化や計画の書面化，関係者へのフィードバックや PDCA サイクルの確立など細かく決められている。

　日本でも，この基準に準じ 2020 年に「持続可能な観光ガイドライン／Japan Sustainable Tourism Standard for Destinations ／ JSTS-D」が作られた。上記の GSTC の基準をベースとして，日本の状況に合わせた細かい修正がされ，地域による持続可能な観光の導入にむけたステップが示されている。サスティナブルな観光の実現に向けて地域がやるべきことを1つ残らず網羅しており，非常に完成度の高いものである。各観光地において，この基準に沿った運用ができれば，地域の観光は劇的に良くなるであろう。また，この基準に基づいて，持続可能な観光を推進している地域や事業者を認証する動きも見られる。既に持続可能な観光に永年取り組み，力をつけてきている地域はぜひこの基準を満たすための対応を実施していただきたい。

　現在，新型コロナウイルス感染症は国内で第5波が収まったところである。近い将来，新型コロナウイルス感染症が終息し，観光・旅行業を取り巻く全ての関係者，関係機関がサスティナブルな観光の実現に向け活気ある活動に取り組める日が訪れることを願ってやまない。

　出版に際し，ご支援いただきました関東学院大学経済経営学会の皆様，出版を快く引き受けてくださった創成社の皆様には深く感謝申し上げます。

索　引

《著者紹介》

才原清一郎（さいはら・せいいちろう）

　　1957 年　兵庫県生まれ
　　1980 年　東京大学農学部卒業後，株式会社日本交通公社（現 JTB）
　　　　　　　入社
　　2017 年　東洋大学国際地域学科国際観光学専攻　博士後期課程修了
　　同年より，関東学院大学経営学部准教授として観光学を担当
　　日本国際観光学会，余暇ツーリズム学会会員
　　また，中小企業診断士として地域活性化支援をおこなっている。

（検印省略）

2021 年 11 月 30 日　初版発行　　　　　　　　　略称—地域活性化

観光による地域活性化
―サスティナブルの観点から―

　　　　　　　著　者　才原清一郎
　　　　　　　発行者　塚田尚寛

発行所　東京都文京区　　**株式会社　創成社**
　　　　春日 2 - 13 - 1
　　　　電　話　03（3868）3867　　　Ｆ Ａ Ｘ　03（5802）6802
　　　　出版部　03（3868）3857　　　Ｆ Ａ Ｘ　03（5802）6801
　　　　http://www.books-sosei.com　振　替　00150-9-191261

定価はカバーに表示してあります。